陪孩子跑一場障礙賽

關子凱 著

陪孩子跑一場障礙賽
作者／關子凱
策劃編輯／伍詠慈
美術設計／劉碧雲
出版發行／突破出版社
香港沙田亞公角山路33號突破青年村
電話：2632 0000　傳真：2632 0388
電郵：breakthrough@breakthrough.org.hk
網址：http://www.breakthrough.org.hk
http://www.btproduct.com
承印／陽光印刷製本廠
2013年11月初版1刷

To Run With Our Children
by Kwan Tze-hoi
First Printing, First Edition, November 2013

Printed in Hong Kong
ISBN 978-988-8246-02-1

本書經文取自《新標點和合本》，版權為香港聖經公會所有，承蒙允准採用，特此鳴謝。

本書採用環保油墨印刷

連結上帝連結人

心　靈　關　顧

關懷、連繫、復和、

溝通、對話⋯⋯

凝視心之脈動，

直到重新尋獲自己的心。

心　靈　地　圖

目錄

苦難也是一堂課

分岔路上的抉擇

從大自然領悟智慧

序一

關子凱醫生第一本書《子鳥深情》面世已有十一年，當時我曾撰序言。今天，關子凱再邀我為《陪孩子跑一場障礙賽》寫序，是一份優差，因為我和關子凱一家緊密同行四份一世紀，本書多個場景我和太太都在現場，重溫這些故事讓心底洋溢着溫情。

當年我曾鼓勵子凱寫下《子鳥深情》這個美麗的生命故事，深信他們一家的經歷會激勵其他有「學障」的青少年和他們的家長，懷着盼望前行。《子鳥深情》果然為不少家庭燃點親子同上路的信心。

這本新書讓我認識了子凱父母的成長故事，不單是「武士」精神的承傳，原來子凱和他兒子朗曦的藝術細胞竟是從醉心攝影的父親、爺爺那裏傳下來。

子凱和太太少芬滿懷信心地放手，讓兒女先後放洋留學；這

是一個冒險的決定 —— 外國文化不同、價值觀混亂、青年人舉目無親、身邊無友、學術要求高、生活習慣徹底不同……

我親眼見證：愫瑩和朗曦在異地成長，散發新生命的光彩；子凱和少芬真情關愛，懇切禱告；神的恩典處處可見，例如在異地覓得恩師、結識有理想的朋友、還在教會中得到支援和牧養。兩個年輕人在異地學習，需要克服重重的障礙，即使人際相處的師友交流，個人的獨處操練，都曾遭遇嚴峻的考驗。

朗曦雖然有學障，在英國得到專業的特殊教育輔導（香港教育界可以借鏡），在美術設計方面特別出色，不單取得獎項，更考進最優秀的美術設計學院。朗曦竟毅然回港，進入浸會大學視覺藝術院進修，更成為該學院最優秀的畢業生，背後另有故事。

愫瑩完成大學課程，再研讀特殊教育碩士課程，更在英國的中、小學服侍有特殊需要的少年人，表現卓越，其間也有故事。

「苦難也是一堂課」，是重要的一課！子凱、少芬、愫瑩和朗曦同進四川五一二地震的重災區擂鼓鎮；自此他們一家持續幾年都和當地居民結為同行的伙伴，以行動表達關懷。朗曦為了堅持與四川的朋友同行，決定回港深造，方便他親訪四川的朋友，並且以他創作的歌曲傳遞心中的真情。

愫瑩在英國學習和見習的歷程中，被一些有特殊成長需要的少年人觸動心中情，她決意在畢業後暫時在英國留下來，繼續以愛心、以本身的專業服侍當地的少年人。

過去一年多，我本身也親身經歷太太病重，其後安息主懷這段充滿苦難與哀慟的一程。患難見真情，神的恩情與同在最為寶貴；我要親自感謝子凱和少芬無微不至的關懷，並且他們和教會中的肢體、「親子關係促進會」的幾個家庭小組與我同心同行。

我上了生命中不會忘記的一課。

我深信這本盛載着真情、創意和生命光彩的生命故事，將會成為眾多青少年與家庭的祝福。每個人的人生本來就是一場障礙賽，但願我們不單找到陪跑的親友，更是與神同行！

蔡元雲

「突破」榮譽總幹事

序二　天父有愛，人間有情

認識子凱一家多年，每當想起他們，便同時想到上帝在他們一家中奇妙的工作，心中滿有感恩。十一年前，子凱坦誠地將他們一家面對兒子朗曦因有讀寫障礙而遇到的掙扎寫下《子鳥深情》，這本書成為很多父母的祝福。故事當然未完，我時常鼓勵他們寫續集，繼續見證上帝在他們一家中的恩典！當我收到這書的初稿，心中實在充滿期盼與感恩。

由於兩書相隔十二年，他們的兒女現已大學畢業，此書難得之處是同時加插了母親與兒女部分通信內容，叫讀者從中知道兒女們對父母關愛的回應，讀來叫人感動！

很多父母都疼愛兒女，想將最好的給他們，但什麼才是最好？很多父母在這方面本末倒置，甚至迷失，自己變成怪獸家長，親手拆毀了珍貴的親子關係而懵然不知！子凱、少芬再次願意敞開自己的生命，和大家分享他們作為父母的成長路。這本書中，你不會找到「叫子女成功的祕笈／公程式」，卻會聆聽到一對父母有血有肉且有情的肺腑之言，與你分享為人父母之道── 包括真理的教導、無條件的愛與接納、放手讓兒女成長、與他們保持親密的關係，以及不斷為他們在父前代求……

試想想，當自幼便受讀寫障礙困擾，自卑退縮的兒子，在長大後能在手提電話機面刻上‘DYSLEXIC AND PROUD’，且能說：「神把我救出來，回復我的自信，讓我知道自己可以放心去闖。……除了感恩，我沒有什麼可說了。」

當女兒與媽媽分享：「正正因為你們願意放手讓我有機會學習獨立，我漸漸相信自己有能力做不同的決定。」「雖然人大了，世界複雜了，但我倆的溝通也更深入……你不只是我的媽媽，也是我的朋友……我很感恩有你這個媽媽！」

作為父母的，能不感動、感恩嗎？過往經歷過的痛苦掙扎，也變成了「生產之苦」，是值得的了，正如《聖經》所說：「流淚撒種的，必歡呼收割。」（詩一二六 5）為人父母不容易，但天父有愛，人間有情，主的恩典也夠用；因此這條不易走的路也可成為恩典之路！

孫國鈞

基督教宣道會沙田堂顧問牧師

序三

不經覺間，原來《子鳥深情》出版至今已經十一年，我也嚇了一跳。

今年四月因為一個雜誌訪問，我跟關醫生重聚，也是第一次和朗曦見面。

那次訪問的場景很特別，在蒲台島。那是關醫生的主意，原來四月天是觀鳥的好季節，天陰比天晴更宜賞鳥。他不想錯過與孩子同遊的寶貴機會，不如好好利用來回兩小時的船程做訪問，又可讓我現場感受觀鳥之樂。這窩心的安排背後有着一份慈父的體貼。

眼前的大男孩充滿陽光氣息，朗朗的笑容半點看不出他在學習路上經歷那麼多挫折。訪問就在往返的船程中進行，兩父子訴説二十年來如何合力征服讀寫障礙，既有眼淚，也有恩典，我的心不禁隨之起伏。

「我兒給診斷患有讀寫障礙的初期，一方面要協助他應付學校沉重的功課，又要面對多個親人相繼患重病及離世的衝擊，有好幾年，我承受着很大的壓力，由此引致我嚴重抑鬱，原本的個性也給扭曲了 —— 我變得很被動……男子漢的概念早已離我遠去……」書中有這麼一段，當天我聽關醫生親自道來，那崎嶇路上的辛酸，句句打入我心。想像換了是自己，到底能熬過否。

上了小島，他們追尋鳥蹤的步履輕快，沿路見證父子倆的默契，彼此交換想法，一有風吹草動，反應迅速，動作一致，煞是有趣。我還未來得及看見什麼，朗曦已把鳥兒攝進鏡頭，然後跟父親交頭接耳，關爸爸馬上熱心地翻開鳥類百科，讓我長點見識。當我目睹朗曦對鳥兒生態的全掌握，發現大自然是個很好的治療師，「醫好」他的自卑，也「接駁」父子倆的關係。

細心體味朗曦填寫的 *God Will Lead Me through the End*，大概能明白神如何藉祂的創造安慰了孩子的心：

Sometime I feel alone, sometime I feel afraid.

Trapped in the darkness of my soul,

Searching for light and salvation.

But in the end, I've found God's hand.

I know that I don't walk alone,

He walks with me through storms and rains,

I know that I don't walk alone.

God please hear my praise for you,

I know you're holding my hand,

God I see your light shining from above,

You'll lead me through the end.

這也是關醫生所強調的「空間」。大自然提供的空間，可紓緩繃緊的神經；人與人之間留點空間，真愛與關懷才能流動。

我忘不了關醫生在船上的一句話：「只要孩子不變壞，那比什麼都重要。」對於有學障孩子的家庭來説，是最誠實的提醒，別用社會的量尺去度你的孩子，給大家一點空間，惟有空間才看見出路。除了觀鳥和藝術天賦，朗曦那落落大方的應對、紳士般的風度，我發現許多現代人忽略的品德家教，在這大孩子身上散發，美麗動人。

本書的字裏是人間實相，笑淚交替。感謝上帝，作者經過了二十多年的障礙長跑賽，回歸內心的澄明與安靜，重新以一個父親身分、一個男子漢的角色和孩子同行。家庭成員之間互動回應，更展現出一卷寧謐和諧的圖畫。

靠着那加給我們力量的，凡事都能作。

馬鎮梅

FAM《樂活・家》雜誌總編輯

前言

《子鳥深情》見證了我家孩子的成長，成書至今不覺快十一年。回顧這十一年，一雙兒女相繼放洋，由中學到大學，自少年到青年，當中經歷不少風浪與崎嶇，總結而言，仍滿是感恩。

母親最近以八十二歲高齡回天家，她生前交了一批她與先父的家書給我保管。母親離世之後，帶着懷念的心情展開那一頁頁的信件，彷彿穿過時光隧道，回到了半個世紀之前。

我驚訝於我們家族的跨代共通點，我的父母和子女都曾經長期在外國生活，大家都是險中求存，有着相同的擔憂，也同樣得着冒險得來的成果。

人生中，開拓和冒險是免不了的，但這也是成長必經之路。回望這條成長路，只靠着信心和禱告走過，能走到今天，實在沒有什麼可誇，只能謙卑地數算神的恩典。很欣賞兒子所說的一句話：「路上的平安，不是必然！事情的順利，也不是偶然。」我想，這難忘的經驗，倘能寫下來與人分享，對部分打算將孩子送到外國升學的家長來說，也許有一定的參考價值吧。

懷着摯誠的心來分享我們家生命的見證，盼望這份卑微的分享能成為你們的祝福。

關子凱

二〇一三年一月

漂洋冒險的傳統

I 先父母的故事

先父出生於中美洲的墨西哥，在彼邦完成小學教育後，便回到家鄉廣東省南海九江再接受教育。戰後在香港成家立室，生了我們兄弟姊妹五人後，不欲繼續留港任職當時收入微薄的雜貨店售貨員。為了改善一家人的經濟狀況，在一九六〇年隻身遠赴中美洲的薩爾瓦多，跟隨祖父營商，開拓自己的事業。

先母生前曾給我一批她和父親在六十年代互通的信件，薄薄的紙張上寫着密麻麻的字體，傳達了他們倆長期分隔兩地的思念情懷。細閱之後，不禁為上一代當年的拚搏精神深深感動。在一九六七年其中一封家書中，先父這樣寫道：「香港適宜有資產的階級生活，以錢搵錢。在海外則不同，只要落力奮鬥，為人正直，動手頭腦，從中就能過活。我自到汕國（作者按：先父稱薩爾瓦多，Salvador 為汕國），直到現在，尚未有悔恨過。因為我知道我要來汕國的目的與責任。如果我仍然留在香港的話，直到現在，也是打份牛工。我有何本事與人家比長短呢？我自覺身無特長，做什麼事，都比不上人家。」

就憑這份要闖一番事業的鬥志，先父隻身來到薩爾瓦多，重拾他二十多年沒有用過的西班牙語，憑着無比的幹勁，刻苦自學，積極鑽研，從零開始，全面透徹地掌握了攝影這一門專業，開辦了一所攝影器材公司，提供攝影及沖晒服務。到了一九六七年，先母亦暫時放下在港的五名子女及家姑，遠赴重洋與先父會合，協助他發展彼邦的生意業務。回顧先父母當年的家書，更體會父親當年所承受的巨大壓力。一方面要照顧當時年邁多病的祖父，又要打點不諳外文的先母赴薩爾瓦多的事務，也要掛心一眾在港兒女的生活成長，擔心子女會否因為雙親不在身邊而誤入歧途。再者，時值中國文化大革命，香港政局不穩，多處地區出現暴動，前景極之不明朗。結果證實，先母那次放洋的決定，讓他們倆有四年之久，可以形影不離，共相廝守，一起打拚，這段浪漫甜蜜的寶貴時光，也是雙親一生事業和愛情的巔峰。

先母抵達彼邦之後，除協助先父打理攝影公司，還在店內製作和售賣糕點，進一步改善店子的業務，生意不錯，運作得頗成功，大大改善了一家人的經濟狀況。我們兄弟姊妹五人亦因幼承庭訓，復得祖母和姨丈姨母的管束，均學業有成，沒有誤入歧途，先父母亦可堪告慰。可惜後來薩爾瓦多與鄰國洪都拉斯發生了「足球戰爭」(編註：兩國之間發生的一場長達六天的戰爭)，先父亦曾加入當地紅十字會到戰地作義務攝影記者。自此，當地經濟環境急劇惡化，先父母惟有結束生意，回港與眾子女團聚。他們回港不久，兄長們先後大學畢業，我家經濟狀況才漸入佳境。

先父母放洋求生那一舉兵行險着，到頭來，總算是喜劇收場。只是，他們當時承受的壓力和風險，實在不足為外人道。正

如先母信主之後所說，回想起來，全是恩典，是父神在他們還沒有信主之前，已經開始保守我們一家。

現在，當我回顧如何陪伴兒女負笈海外，尋求升學和出路的契機時，發覺經歷與想法出奇地與上一代的體驗相類似。先父母當年在人生路上的奮鬥和冒險，成為了足以承傳給我們這一代的寶貴經驗。

2 武士的承傳

回顧陪伴兒子走過克服學習障礙的路，心中滿懷感恩。多年來，要感謝不少的同行者，其中志航弟兄介紹 Robert Lewis 的 *Raising a Modern-Day Knight: A Father's Role in Guiding His Son to Authentic Manhood*（中譯本：《像騎士一樣學習愛：學習戰鬥》），我對當中內容非常認同。作者對「男子漢」（manhood）特質的闡述，分為四方面：第一是拒絕被動，第二是承擔責任，第三是勇敢地領導，第四是以遠大的眼光來期待終極的獎賞。作者進一步提出這種男子漢特質，就像昔日當武士的資格，是一代傳一代的。一個本身是武士的人，才有資格把這個獨特的身分傳承給下一代。這個男子漢特質的概念，促使我有更多的自省。作為父親，我是個男子漢嗎？我有資格把這種男子漢特質傳承給我的兒女嗎？

重讀父親當年的家書，處處可見他對家庭的承擔。他隻身飄洋過海，主動為家庭的未來尋找新的契機。雖然不能每天貼身教導兒女，但透過信件對我們各人的勉勵，無處不見他領導兒女們勇敢向前的決心。現實環境雖然嚴峻，但仍心存盼望，期待家庭未來有更好的日子。從這個角度來看，先父絕對稱得上是一個有尊貴身分的武士，也把這個身分傳承給我們。

兒子給診斷患有讀寫障礙的初期，一方面要協助他應付學校沉重的功課，又要面對親人相繼患重病及離世的衝擊，有好幾年，我承受着很大的壓力，由此引致我嚴重抑鬱，原本的個性也給扭曲了——我變得很被動。當內子還努力不懈地為兒子找學校時，我已經被接連來自不同國際學校的拒絕信弄得意興闌珊；抑鬱到不再願意講什麼責任、領導、主動，也不介意將來是否有獎賞。活着像是挨打，對孩子的未來也不再有什麼指望，生命像個荒謬的遊戲！那時的我成了一個滿心苦毒的父親，男子漢的概念早已離我遠去，亦與我無關。

感謝內子和一對子女對我的包容和鼓勵，感謝身邊同行的親友及弟兄姊妹，感謝大自然那份無言的安慰，感謝神對我的忍耐和啟迪，讓我走過那段不容易的崎嶇路，回歸內心的澄明與安靜，重新以一個父親身分的男子漢和孩子同行，以一個父親的平常心來看待兒子的成長，和他回復正常而親密的關係，兒子也能挪去內心的恐懼，重新回到一個相對正常的學習軌道上。

未完的障礙賽

I 兒子也要放洋嗎？

據估計，全港有百份之五至十的學童，患有不同程度的特殊學習障礙（Specific Learning Disability，簡稱 SLD，下稱「學障」）。但我愈來愈確信，學習障礙不過是學習方式不同而已。很多受學障煎熬的孩子，各有不同的天分和能力，倘以適當的方式施教及栽培，結果將大大不同。最重要的是，家長本身先調校自己的態度，對孩子的問題有正確的認知，接納孩子，維護他們的自信，增強他們的學習動機，以愛和包容鞏固親子關係。

我認識一些家長，為了家中有學障的孩子，傾盡畢生精力，修讀特殊教育學位或課程，全心全意協助孩子克服學習上的障礙。每個家庭的處境不盡相同，不是每個家長都可以變身做孩子學習上的輔導專家，而我和內子就不是這方面的材料。

那時，兒子正就讀國際學校的八年級，即大約相等於本地學校的中二。學校對有特殊學習需要的學生支援仍然不足。兒子的數學科最弱，學期完結前我們與老師的會面中，那位數學老師亦老實不客氣地表示他實在無能為力，幫不了兒子，他建議我們另聘私人補習老師。至於其他科目，兒子在英文科調適得較不錯，但中文科的進度仍然是差強人意。我們和老師討論，認為兒子的程度到了高中便會出現較大的困難，特別是數學和中文兩科。我們曾透過香港讀寫障礙協會（Dyslexia Association of Hong Kong）的家長聚會認識了一些老師，願意課餘為兒子補習，有時我們甚至特地送兒子到港島南區補習，可惜效果只是一般。過程中的疲累和無奈，我們和兒子都只得默然忍受。後來，學校請來了一位對學障有深入研究的專家，跟我們分享國外一些特殊教育的最新發展。她提及一所位於英國西南部的中學，校長是一名在特殊教育界頗負盛名的學者，特別精於教導學障學生的數學，成效昭著。

若然孩子繼續留在香港，不論學制還是老師的教學質素，都不理想。如此下去，再過幾年，他便要面對高中公開試的嚴峻考驗，以當時的勢頭看，很大機會追不上學習進度，被迫離開現有學制下的升學出路，成為制度上的失敗個案。當然，我們理解到，只要兒子不學壞，持着積極正面的人生觀，縱使將來不能入讀主流的大專院校，還有很多其他機會。然而，在強調個人學歷的香港，職場的生態環境已經和先父當年不計學歷、單憑隻手打拚天下的年代不同，完成高等教育，始終是較理想的台階。所以，當得知英國有一所中學適合兒子時，內心便多了一個希望；雖然我們做不成兒子的功課輔導專家，但說不定到外國求學，真的可以幫他找到一條升學的出路。

不過，我們馬上意識到，兒子只有十二歲，心性還未成熟，一旦放洋，面對外國同學不同的價值衝擊，年紀小小的他可招架得住？兒子出去了，我們還能跟他保持緊密聯繫嗎？他的靈命成長又如何？給兒子找到適合的學校後，也許學業有成，但犧牲了品格培育，值得嗎？離開香港，意味着中文的培育會更薄弱，孩子將來的中文水平夠用嗎？放棄香港的事業全家一同到英國，於我來說，似乎又是個不太願意的抉擇。一連串的問題，縈繞在我們心裏。

經過反復思量，我們覺得應該積極考慮讓兒子出外留學這方案。

首先考慮到他的語文能力。有說孩子過早出國升學，中文的根基方面可能仍未打穩，況且作為香港的中國人，社會要求的是學好兩文三語，但對學障的孩子來說，能夠掌握一種語文，已是難能可貴。曾聽過一個學障專家提及，美國麻省理工學院裏有不少富有天分的學障學生，在本科學習絕無問題，且成績優異，不過一旦要副修法文作為外語，卻無一例外地不及格。這觀察加強了我對學障孩子學習語文的看法——如果只能選擇一種語文，我寧願他加強英語的能力，始終英語是國際語言，也方便日後升學。而且，多年來我們已為孩子訂立了英語為主、中文為副的學習方案。作為中國人，我選擇把中文放輕了一點，只為孩子不用經歷本地的中文考核制度，但我依然要求孩子多閱讀中文書籍，以增進他對中國文化的認知。反正他的國語和廣東話聽講都沒有問題，只是書寫方面稍遜，倘能保有一定的閱讀能力，仍然不難在社會立足。至於書寫能力，現代電腦科技發展一日千里，電腦輔助中文書寫已大行其道。今天真正需要書寫中文的機會，已愈來愈少，這方面兒子反而無須太着力。

經過國際學校的多年栽培和私人補習老師的協助，兒子在英語調適方面初見成果。兒子閱讀當時大熱的《哈利波特》小說系列，讀得津津有味，可見厚厚的英文原著已難不倒他。

英國高中學制富彈性，對有學障的學生提供全面支援，加上師資優良、師生比例等多種因素，都使我們相信，讓兒子放洋，可以在學術上得到更實質的協助和指導，提高他將來進入高等教育的機會。

至於溝通方面，我們跟兒子一向都有良好的溝通，以現今發展迅速的通訊系統，以及增加回港度假次數，亦未嘗不能彌補兒子長期離家造成的影響。

雖然我是公立醫院的醫生，但內子沒有外出工作，多年來收入都花在供樓、供養我和內子雙方的父母、教會奉獻、納稅、日常開支，再加上孩子昂貴的國際學校學費，積蓄實在所餘無幾。我和內子都不擅理財，曾擔心一旦要負擔起孩子到國外升學的開支，現有的積蓄即見緊絀，更遑論為自己的退休生活作打算。感恩的是，這段日子，家中各人心中都有平安，也沒有出狀況而需要額外開支。我們深深感受到，為人父母，用在孩子身上的投資，永遠是值得的。我深信，神自有祂奇妙的供應，也期待孩子成長之後，家裏的經濟狀況可以逐漸改善。

至於兒子自己的想法，也有向我透露。最初他也很擔心，但想起老師當日表示沒有信心可以幫他一把時，他明白可能要離開這熟悉的地方，暫別受保護的環境，到國外一闖，會是他學習上有所突破的契機。經過深入的討論和分析後，兒子對外國升學也持開放的態度。如是者，忐忑了好一段日子，終於決定舉家去英國實地視察，了解一下那兒的學習環境，讓兒子直接感受當地的學習氣氛。我想，無論如何，親身觀察總勝過「隔山買牛」吧！

昔日先父母同樣面對開闢新路徑而遠涉重洋，與家人暫時分離。來到今天，我們竟繼承了這份精神。但願那保守先父母當日越洋奮鬥的神，今天同樣保守我們的家。

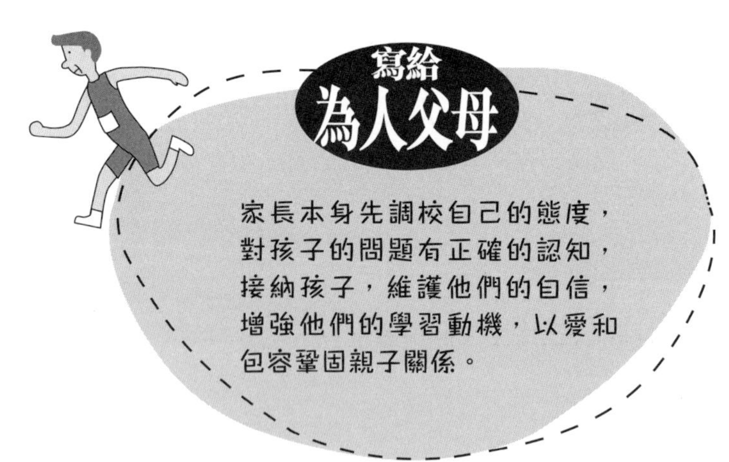

2 探路之旅

二〇〇三年二月初，兒子十二歲。我們舉家到了英國，抵埗後住在英國中南部米頓堅（Milton Keynes）的親戚家中。當時的全球衞星定位科技還未成熟，出行還得依賴地圖。我們租了一輛小型轎車，一大清早天還沒亮，約上午六時我們便出發，預備駕車到四小時車程以外的森美斯區（Somerset）。英國不流行自動排檔轎車，十多年沒駕手動排檔轎車的我，開車時竟然一度不懂入倒後檔，車子愈滑愈前，差點兒撞到親戚的車房大門！

妻兒看着我這個一家之主手忙腳亂，滿頭大汗也開不動車子的狼狽相，只有為我乾着急。後來終於成功開車，原來要入倒後檔，必先把波棍透過掌心用力壓下方。幾經辛苦，終於把車子駛離親戚的家，到公路上，一家不禁抹一把汗。由於我用的地圖是舊的，一路上才發現不少路標已經更改，正在迴旋處猶豫之際，被人響號示警，最終糊裏糊塗地轉到正確的路線，在約定時間之前到達目的地。一路上駕着車，載着一家人在英國西南部陌生的田野公路上奔馳，面對茫茫前路，內心不禁感觸萬千。我心裏向天父説：「要兒子年紀輕輕便獨個兒放洋，這個決定實在為難，求主憐憫，求主開路。」

我們終於在上午十一時到達位於森美斯鄉郊區的學校。這兒地點偏遠，附近都是田野、村莊。學校佔地甚廣，連同旁邊的運動場和足球場，足有接近一個維多利亞公園般大。校長和主任見過我們一家人之後，便領我們在校園快速走了一圈，介紹校舍的環境和設施。這所中學全校學生人數不足一百，大多採用一個老師對五個同學的小組教學模式，有需要時甚至會進行個別輔導。學校當天是上課日，參觀時，看見學生們都很有禮貌和守紀律。之後，兒子被安排到第八班的課室試課一天，並接受老師的觀察和評估。我和內子、女兒被推介到附近一個風景優美、寧靜怡人、號稱英國最小城市的威爾士（Wells）遊覽及午膳，待兒子完成一天試課，才回到學校跟他會合。

這學校專門幫助正常或高智商、具良好學習動機的特殊學習障礙學生，學生的學障問題主要是讀寫障礙。校方透過調校學習方法，幫助他們完成普通中等教育證書（General Certificate

of Secondary Education，簡稱 GCSE）第十一班 ，即相當於本港中五的課程，完成後學生可以繼續投考預科及高等教育課程。校方覺得兒子試課當天表現不錯，既專注又能和當地學生如常相處，再者，因為在香港就讀國際學校，他的英語程度良好，應該能適應他們的課程，所以決定錄取他。校長更向我們表示，不要太遲入讀，否則校方較難在學習上幫助孩子；然而太早到國外升學，孩子的性格可能未夠成熟，容易出現情緒或適應方面的問題。學校主任建議孩子十四歲入學，入讀第九班。我們想，不用馬上入學，可以再有一年多的時間，讓兒子自我調校，預備再充足一點，讓他長大一些才離家，未嘗不是一個恰當的安排。

離開學校之後，兒子表示他對這所中學的環境和師生也有好感。抱着完成使命的心情駕車回親戚家，一路上交通異常擠塞，處處改道，結果我們回程時迷了路，要勞煩油站職員給我們指點迷津。看着那本一九八九年我在倫敦接受腎專科培訓期間購買的地圖，那個職員大肆批評，説路已改了不少，他很詫異為何我在二〇〇三年仍然沿用這個老舊版本！

內心實在不斷的感恩，這趟尋路之旅，若非神的保守，恐怕人家放了學我們還未到達呢！身為父親，固然要盡一家之主的責任，帶領孩子開拓新領域，探求新的求學出路，但倘若沒有那位真正是我們一家之主的恩主帶領，我們什麼地方也去不了。內心隱然有一份平安與欣慰。與家人共處一個車廂，更覺大家的親密與同心，此刻，除了感恩，我還能説些什麼呢？

3 出發前的預備

回到香港不久，便經歷了一生難忘的沙士疫潮，全港陷於一片驚惶與恐怖中。我摯愛的同事謝婉雯醫生更在這場疫病中壯烈犧牲，我也要離家一個月，住在醫院宿舍值班；大概有兩個多星期，每天要進出沙士病房和致命病毒埋身搏鬥。那時候，在外國留學的莘莘學子，從香港回校後要隔離兩週，才獲准上課，留學生活大受影響。當時我想，倘若兒子這個時候在英國留學，會是什麼光景呢？想起兒子將來可能面對的留學生涯，那條漫漫長路，真是一條不容易走的路啊！再者，如果這時候我不幸染病離世，家人又會怎樣呢？實在不敢多想，就讓一天的難處一天當好了。幸好，疫情漸漸的消退，沙士病毒猛然的來，悄然的去，香港逐漸回復正常運作，我終於可以回家了。

年底，我們曾探訪的那特殊學校的校長和主任應邀來港，參加一個有關學障教育的研討會，與會的多是學障界的老師、學者和前輩。我以學障學童家長的身分，特地參加那一次研討會。會中與校長和主任重遇，他們亦非常關心兒子的進展，我還邀請他們來我家晚膳。到了我家，校長和主任一起參觀兒子的房間，觀看他的畫和習作，兒子大受鼓勵。他們親切的關懷和笑容，也鼓舞了兒子。從前兒子的老師表示「無能為力」，但今天眼見這個英國中學校長和主任滿有信心，表示可以幫助他在學習上取得突破，進一步加強了他到英國升學的信心。這個不尋常的講學之旅，我覺得是父神一個額外的恩典，鞏固兒子的信心和決心，讓他忘記沙士一役對留學生造成的惶恐與困惑，勇敢踏步向前，接受到外國升學的挑戰！

雖然我為兒子找到一所理想的學校，讓他在學業上得到適當的栽培，但我們同樣需要為兒子的靈命培育打好基礎。離開香港，孩子在彼邦若缺乏教會牧養，容易在靈性上走歪路。於是我向教會牧者查詢，看看能否介紹一些英國的堂會，適合兒子到埗後參加。時任母會宣道會沙田堂堂主任孫國鈞牧師介紹我們找一位他認識多年的王牧師，他在英國服侍華僑及留學生羣體，但地點似乎有點偏遠，位於英格蘭西南端的碧茅湖（Plymouth），距離兒子的學校超過一小時車程。於是，我只好自行上網搜集資料，利用「華人教會」（Chinese Church）這個關鍵詞，在英國的搜尋網站找到位於湯頓（Taunton）的森美斯華人基督教會（Somerset Chinese Church），還有負責人 Matthew Leung 的名字和聯絡電話。我抱着姑且一試的心態撥通那電話號碼，接聽的是那位負責人的兒子，後來又輾轉聯絡上他的太太。透過梁太，得悉她丈夫患上血癌，正在醫院接受治療，他們一家正在水深火熱之中，但她仍然耐心地向我們簡介了教會的狀況，並歡迎我們到埗後探訪他們的教會。掛斷電話線，我馬上懇切地為梁先生一家禱告，但願他儘快康復；同時，不禁感謝父神又一次給我們美好的預備。

為兒子尋到了教會，就是信仰的家，接着還要為他尋找另一個家——當地的監護人。兒子即將就讀寄宿學校，但跟當地所有中學一樣，每個學期都有期中休假，大概一個多星期，除此之外，也有多個長週末，讓老師和校務人員可以離校返家與親友相聚。這些日子，寄宿生不能留在宿舍，要暫時離校到監護人家中居住。這個政策對當地老師和員工來說，固然體貼，卻苦了一眾留學生，他們需要在當地另尋覓監護人，負責這些日子的接送、照顧生活起居等。我本想詢問梁太可否擔起這角色，但她一家人正處於這麼艱難的處境，這種提出當然不恰當。幸好校方也有提供一些當地家庭的名單，這些家庭在收取一定的交通及起居生活費用後，願意提供這類服務。結果我們透過學校選定了一個當地家庭作為兒子的監護人。

二〇〇四年，兒子開始步入青春期，忽然長高了不少，由一個個子矮小的初中生，長成身高已經超越我的青少年。回想起來，盡是恩典，須知道在外國升學，被高年級同學欺凌的事件時有發生，個子小的尤其容易被欺負。如今兒子在出國前先長高一點，較為不容易受人欺凌。在體育活動方面也可有較佳的發揮，正是求之不得。就這事看來，更確信我主真是耶和華以勒，因祂凡事必有最好的預備。

4 兒子的差遣禮

前面提到志航弟兄送我的 *Raising a Modern-Day Knight: A Father's Role in Guiding His Son to Authentic Manhood*，書裏提及一個概念，就是重視成長的儀式。一個學習做武士的後輩，必定要經過一個按立的禮儀，才會被正式認可成為武士。在古代，這儀式是由皇帝用一把寶劍點一下武士的肩膀，象徵武士的身分被正式確立。同樣，青少年也有很多成長的里程碑，足堪記念。

兒子這次出國升學，是他成長歷程中一個非常重要的里程碑。我想，如果能為這事籌備一個慶祝會，將是一件非常有意義的事。我們的教會隸屬宣道會，是一個很重視差傳的宗派。差傳有差派出去傳福音的意思，通常教會在差派宣教士到外地傳福音之前，會先舉辦一個名為「差遣禮」的儀式，讓宣教士帶着眾人的祝福前赴外地。我想，為兒子出國留學前的這個慶祝會，也可以視為差遣禮，讓兒子知道他是帶着異象和使命出去，也帶着祝福和叮嚀。

在二〇〇四年八月中，籌辦了一個名為：「為我家快將遠行的孩子回顧、感恩、分享、祝福的聚會」，還邀請了先母、教會牧者，和眾多見證着兒子出生和成長的弟兄姊妹、好友，一起參加這個聚會。

會中我先作了引言，說明這祝福會的用意，就如邀請卡上寫的：「透過回顧過往一些生活的片段，盼望你們能在當天可以預備一些給朗曦的鼓勵說話，讓朗曦能帶着天父和你們的祝福上路，開創他人生新的里程。」會上播放了朗曦成長的生活錄像片段，然後帶領大家禱告，我們一家人又創作了一個既富紀念又具象徵性的「家族手勢」：

手先互握兩次：第　握代表血緣的關係，第二握代表主內的連結。

手掌互擦：接納彼此正面的素質。

手背互擦：包容彼此負面的素質。

四指緊扣，姆指互按：代表一家四口，主為元首；也代表主見證我們對真、善、美、愛的追求，並願意盡心盡性盡意盡力愛主我們的神，更要愛人如己。

接着，來賓一一送上祝福和勉勵的話。蔡元雲醫生夫婦自朗曦出娘胎即見證其成長，當天他們也有出席，事前得知我家有一個「家族手勢」，他也用心創作了一個富象徵意義的「飛鷹」手勢來代表等候、更新和飛翔：

雙掌合十代表敬拜和祈禱；

十指互扣代表等候、思考和默想（contemplation）；

八指互扣獨兩姆指豎起代表更新——脱去舊羽毛（moulting），意味改掉舊習慣，迎來新生命之意。

一雙手掌轉過來作飛鳥狀，代表飛翔——靠氣流，不單靠己力，更靠上主的力量。

蔡醫生夫婦對朗曦關愛之深，我們一生難忘！

國偉弟兄勉勵兒子他日在外國留學時，切記「要出要入」。「要出」代

表一旦陷於試探的環境，要懂得抽身而出，像《聖經．詩篇》第一篇所言：「不從惡人的計謀，不站罪人的道路，不坐褻慢人的座位」。「要入」則代表當羣體有需要的時候，必須挺身而出，進入現場，承擔責任。

志鵬弟兄和希鸞姊妹表示喜愛朗曦畫的鳥，當中特別愛他畫的鳥眼和翅膀，又特意送他一隻杯和〈詩篇〉經文。杯子喻意福杯滿溢，經文是：「求你保護我，如同保護眼中的瞳人；將我隱藏在你翅膀的蔭下。」（詩十七8）炳光弟兄勉勵朗曦以對鳥的熱情，去從事各樣學問和事業，相信必有成就！

智超弟兄亦分享了一個貨車司機的故事。貨車司機在公路上被迎面而來的車輛上的司機大喊：「PIG！」他感到被冒犯，十分憤怒，後來才發現前面迎來是一大羣不知哪裏來的肥豬，怒氣使他不曾提高警覺，結果引致交通意外。他藉此教導朗曦人際溝通的重要性。

志航弟兄則以遠行的小舟比喻朗曦此次出國，爸媽的愛仿如事先為小舟預備好各種必需物資，但天父的愛有如一個強力的太陽能電池，提供取之不盡、用之不竭的能源，引導朗曦前行。英明弟兄和 Queenie 姊妹也表示欣賞朗曦在過去一年長足的成長，並祝福他帶着平安到英國。

那是一個非常難忘的時刻，又是一幅十分美麗和感人的圖畫。當中不少訓勉、貼心的祝福，兒子都牢牢記住。這不但成為兒子的祝福，也成了後來者的祝福——後來兒子認識的朋友也辦了類似的慶典，他就引用慶祝會上聽過的一些勸勉，回贈他的朋輩。薪火相傳，一代一代傳承下去。

此刻教我想起先父在六十年代的家書中，提及他知道來汕國的目的與責任。先父隻身放洋，沒有辦祝福會或差遣禮，但我們

一家人之間的關愛與結連，本身就是一個提醒，讓遠方的遊子時刻銘記自己的身分與使命。就這一點來說，先父的精神不知不覺由相隔一代的孫兒來繼承。

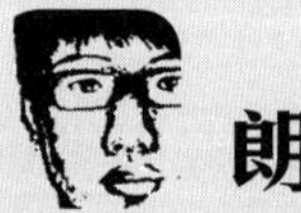

朗曦的回應｜放洋留學

親愛的爸爸：

從來沒有認真想過離家這事情，更不要說離鄉別井到一個完全陌生的環境生活，連自己也不知道是否能夠應付。

之前一直以為距離去英國的時間還很長，誰知一年的時間就這樣過去了。其實在香港讀第九班這一年，是這幾年中過得最開心的，無奈卻早決定了留學。很多時候我會問：如果自己沒有讀寫障礙，是否就不用離開呢？如果我沒有讀寫障礙，我的人生會不一樣嗎？

你不是說過，爺爺當年自己一個人到中美洲生活嗎？也許現在我也有點像他吧？離開家人，以後沒有你們時刻在身邊保護，我真的要每天向上帝禱告，希望祂可以給我更大的勇氣面對這一切。

曦上

朗曦畫作

向陌生地出發

I 踏上留學路

二〇〇四年八月底，我一個人到荷蘭阿姆斯特丹，出席一個有關腹膜透析的國際學術會議。由於會議早就安排好，會期結束剛好碰上兒子在英國開學，院方批准我完成會議後馬上放年假打點兒子開學的事宜。會議完結之後，我便飛到倫敦預備迎接從香港獨自上機、即將飛抵希斯路機場的兒子。那時兒子還差兩個多星期才滿十四歲，可以想像他一生人頭一遭孤身上路，乘坐飛機去英國的心情，該是多麼的難受啊！但當想到我能在這邊迎接他，又覺得極之難能可貴。

我比兒子早幾個小時到達機場，可以順道詳細考察機場出入境大堂和巴士站的格局，之後便可指示兒子，好讓他將來可以自行上路，進出機場。人家送你到學校附近的小鎮車站已經是仁至義盡，總不能指望每一次回家或回校都有專人專車到機場接送，畢竟，出國留學的第一課，就是要學會獨立處事！

終於，我在希斯路機場的接機室看見兒子，他獨個兒推着行李車走出禁區。他的眼神看來沒有想像中憂鬱，反而因為見到我，顯得有點兒雀躍，他還告訴我有一個同學特地到機場送機，使他十分感動！

抱着滿心的感恩，我們離開機場，在附近的旅館住了一晚，第二天才乘公車到布里斯托（Bristol）巴士站，再轉乘計程車到威爾士，跟兒子的監護人見面，拜訪他們家，我交代好兒子接送的需要才離開。翌日再駕駛出租車到學校，先卸下部分行李，然後車子便直駛英格蘭最南端的地角（Land's End，編註：位於康瓦爾半島西端），展開兒子開學前的旅行。

到埗後，眼前是一望無際的大西洋，腳下是險峻的懸崖峭壁，但見驚濤拍岸，潮浪聲中夾雜着多種海鳥劃破長空的呼號。一陣陣帶點腥味的海風撲面而來，既清新，又怡神！我們父子倆行走在峭壁旁的小徑，細看路邊不知名的小花和苔蘚，橙紅的、土黃的、淡紫的，被夕陽的餘暉映照着，泛着一份怡人的暖意。美景若此，卻襯托着濃烈的離愁；大海洋反照金黃的落日，泛起波光粼粼，蒼茫的暮色，益發預示了兒子並未明朗的前景，那份滋味，實在難以形容！在浩瀚的大洋面前，愈發覺得自己的渺小，雙腿好像有點乏力，內心在呼喊，求父神加給我和兒子更多力量，好讓我們能勇往直前！霎時間，我們有強烈的感動，一起坐在崖邊的磐石上，彼此手拉着手，閉上眼睛禱告，獻上我們對父神的呼求，也向兒子送上為父的祝福！

「親愛的天父，感謝祢的帶領，使朗曦可以順利來到英國，開展人生新的一程。感謝祢，讓朗曦帶着愛的叮嚀和祝福上路，讓他知道祢是愛他的主，是那位凡事必有預備的耶和華以勒。求祢幫助朗曦適應英國的學習生活，保守他的平安和健康，賜他好的老師和同學，讓他在學習上突破讀寫障礙的局限，如鷹展翅上騰。更願祢賜他一個屬靈的家，讓他在靈命上同樣長進，成為祢所喜悅的兒女，並更深地明白祢在他生命中的旨意。奉主名求。阿們。」

祈禱完畢，我們父子相擁片刻。凝望眼前的波光與落日，祈禱後的淚眼，變得愈發光亮。感謝主，大家的內心都感到舒坦多了。

「爹哋，你看，那是 Fulmar 呢！」兒子指着一隻在懸崖絕壁處滑翔而過的海鳥，用肯定而自信的語氣對我說。

我驟看似是海鷗，但見那隻海鳥拍翼的方式較硬較直，實在與一般海鷗較柔較彎的拍翼方式不同。立時意識到那是 種屬於水雉鳥科及海燕一類的海鳥，有一個特別的名稱叫 Fulmar。

「還是你的『鳥功』厲害些，起初我還以為那是海鷗呢！」

我這個為父的忙不迭要稱讚一下兒子。細意端詳眼前的他，已經不是幾年前到塱原觀鳥那副天真的模樣，不只身量長高，眼神不鬆散之餘，還帶點英氣，兒子畢竟已然長大了不少！

翌日我們便離開地角，到碧茅湖去。這兒是英格蘭西南端最大的城市。得孫國鈞牧師的介紹，我們到這兒造訪他從前在神學院的校友王天聰牧師，還一道認識了師母及他們的兩個兒子。他們舉家帶我們遊覽附近的名勝，並吃一頓久違的中國餐，實在叫人精神為之一振。我們這番與王牧師結緣，想不到幾年後，他被調往另一個更近朗曦學校的社區埃克塞特（Exeter），差不多每隔一個星期便去朗曦教會講道，也成了兒子居英期間的牧者之一。

別過王牧師，我們這個短促的開學前旅行便結束了，驅車回學校參加開學茶聚。茶聚完結之際，我們父子倆一起並排坐在學校的大門口旁邊，但覺分離在即，禁不住相擁痛哭。望着校門前方草坪上漸落的斜陽，突然想起由盧國沾先生所填的《錦繡前程》那萬分貼切的歌詞，我帶着哽咽的歌聲安慰身邊的兒子。

斜陽裏氣魄更壯，

斜陽落下心中不必驚慌，

知道聽朝天邊一光新的希望。

互助互勵又互勉，

那怕去到遠遠那方！

我一遍又一遍的唱着這首歌，直至喉頭那份哽咽給旋律逐漸沖淡，內心那份辛酸被勵志的情懷所取代，並歸於平復，我們才一同站起來，到鄰近的酒吧，相對無言地吃一個地道的 fish & chips 晚餐。入夜後，正式跟愛兒分手道別，驅車離開他的學校。時為二〇〇四年九月五日，從那一晚開始，兒子便正式開始在英國的寄宿生涯。

2 尋找新的家

之後一星期，我繼續住在學校附近的一間小旅舍，先後到附近的小鎮給兒子打點一些必要的日用品，登記了新的電話卡，放學後去學校探望他，看見他適應得還好，與其他同學亦有講有笑，內心稍感安慰。我曾四出打探來回倫敦和教會最方便的交通路線，還嘗試獨個兒坐火車到米堅頓探望親戚，體驗一下獨自出遊的滋味。開學後的首個週末，我和兒子到了附近一個由「皇家護鳥會」（Royal Society for Protection of Birds）管理的濕地觀鳥區，才驚覺學校附近居然是一個重點的自然保護區，且是觀鳥熱點。上天實在憐憫我這個愛鳥的兒子！觀鳥後兒子到我的旅館小住，翌日再一起驅車到距離學校半小時車程的湯頓，首次造訪兒子將要上的教會。

我和兒子按着梁太提供的地址，來到她位於市中心的家。

當時大概是正午時分，她正準備到教會去，亦在打點帶什麼去醫院探望正在休養的丈夫。梁太看見我們到來，在忙個不可開交之餘，還給我們預備了簡單的午餐，再帶我們到教會崇拜。這是一頓我們兩父子永世不忘的午餐。即使一家人齊齊整整、健健康康，當客人來到，要花上精神、愛心和時間來接待，尚且不容易，何況此際丈夫患上末期癌症，正在醫院養病，還要分神來接待尚未認識的新朋友，該要有何等的愛心和忍耐呢！

森美斯華人基督教會的會眾約有三四十人，崇拜地點是當地一個西人教會暨社區中心。早上英語崇拜結束之後，下午一時半就是粵語崇拜。甫抵達教會，便有回家的感覺。迎接我們的有好幾家人，大部分是來自香港的老華僑家庭，當中有基督教華僑佈道會的總幹事王光霞姊妹和夫婿江正偉弟兄（我們都喜歡稱呼他們為 Auntie Mary 和 Uncle Ernest），當天證道的正是王光霞姊妹。王姊妹日理萬機，平日主要在米頓堅的佈道會總部工作，亦要到世界各地，特別是歐洲各處的華人教會巡迴視察、規劃、籌款、講道、主領聚會等，但她的老家就在距離湯頓不遠的小城約維爾（Yeovil）附近，並以森美斯華人基督教會為她的母會，但凡週末有空，她就回來這個屬靈的家，多年來和當地多個家庭建立了深厚無比的關係，成為他們的牧者和屬靈導師。森美斯教會還服侍鄰近多所中學的留學生，前來崇拜的青年人和兒童為數不少，頗為興旺。

此外，我們也認識了多個家庭，包括徐氏兄弟兩家人和張洋弟兄等多個家庭。這些家庭熱情地接待我們，視我們為這大家庭的一分子，那份溫暖，實在難以言喻。其中的張洋弟兄，原來是內子少芬的舊同事，大家沒有見面十多年後相認，這份意外的喜悅，實在好得無比！徐氏兄弟的母親徐老太是個十分慈祥的長者，待我們更是熱情得不得了，他們還表示願意義務接送朗曦來回學校和教會崇拜，偶爾也可以到他們家小住！我們簡直被這個熱情的羣體徹底融化，內心無盡的感恩，父神真是那位耶和華以勒，是為祂的子民早有預備的主。

崇拜完畢，Auntie Mary、Uncle Ernest，梁太和我們兩父子一起到醫院去探望 Matthew Leung。其實 Matthew 是血癌復發，情況不太樂觀，醫生認為他康復機會不大，並着家人要作最壞打算；但當我們來到牀前，見到的卻是一個面帶笑容、安詳平和、雙目炯炯有神的弟兄。原來Matthew是森美斯華人教會的靈魂人物，與Uncle Ernest夫婦相識多年，同心服侍當地的華人社羣。他們談及多年來的故事，如何與不同的家庭同行，見證他們生命如何改變，那份深厚的弟兄姊妹情誼，叫我和朗曦深受感動。臨走前Auntie Mary帶領我們禱告，我深深感到聖靈在那個斗室之中，悄然做着轉化眾人生命的工作。Matthew身患重病時仍然堅定信靠上帝，內心澄明安靜，全然交託，他的故事給朗曦上了饒有意義的一堂生命課。天父讓他看見一個屬神的僕人，在面對艱難時的情操和氣節。做夢也想不到，神讓朗曦以這樣的屬靈深度，開始他在森美斯華人教會的生活，實在難能可貴，是何等奇異的恩典！

翌日清晨，我送朗曦回校，難得張洋弟兄特意驅車前來送我到巴士站。擁抱過兒子，拍拍他的肩膀，坐上張洋弟兄的車，終於要正式和兒子説再見了。神聽了我的祈禱，祂賜下一個晴朗的早晨，叫我不用在淒風慘雨中跟兒子道別，恐怕我們會嚎哭起來；但見兒子帶着笑容，和其他同學一起向我揮手道別，我的心也安定下來。車子終於駛離學校了。

到了布里斯托，和張洋弟兄吃過午飯才分手，並乘上直達倫敦的長途巴士。剛安頓下來，天空開始落下豆大的雨點，淅淅瀝瀝的打在車頂上。神真的聽了我的禱告，祂不但賜給兒子一所栽培他的學校，也賜下一個屬靈的羣體伴他成長，還有不同的啟迪與安慰、關顧與同行，遠遠超過我們的所想所求。此刻我已不再感傷，只有無盡的感恩與盼望。

朗曦的回應｜踏上陌生的路

親愛的爸爸：

安頓下來已經幾個星期，認識了一些新朋友。我每天都帶着你買給我的籃球，在學校的籃球場上打球，有時候也會跟其他人一起打。在香港，打籃球是我和同學小息時大伙兒一齊玩鬧的事情，現在很多時卻變成獨個兒投籃，慢慢地也成了一種跟自己獨處的方式。說實在，剛開始時我跟這裏的同學溝通不太好，很多時他們說話實在太快，我根本跟不上！過了幾個星期才漸漸適應下來。初時最害怕的，就是其他人都用奇異的眼光看我，也許因為我是這裏惟一的中國人吧，一些同學更說一些難聽的說話。不過，這些事情讓我更想學習忍耐和堅持，若我放棄，就輸了！

曦上

3 環繞四周的天使

從英國回港，一次我在主日崇拜聽到一首名為《美好新生命》的詩歌。這是一首小調式的歌曲，領詩的姊妹特地指出，當用慢節拍頌唱，整首樂曲呈現一份淡淡的哀愁，但當轉用明快的節拍唱出，樂曲頓時變得活潑和喜樂。其中一句「流露着愛突破憂慮愁哀」，更使我有流淚的衝動。那一刻，神好像在提示我，要把這個美好的訊息向英國的 Matthew 弟兄分享 —— 大能的神可以把看似哀愁的處境轉化成喜樂和盼望。

還記得那一個下午，我忽然心血來潮，就打電話給 Matthew，想要告訴他我這個領受，盼望為他帶來安慰。接電話的，是 Matthew 的胞姊 Judy，我向她表示希望能與 Matthew 分享一首詩歌，她說 Matthew 情況非常虛弱，但仍然願意聽我的歌。後來從梁太處得知，當時 Matthew 情況突然惡化，大家都希望找一些屬靈的音樂來安慰他，豈料來了我那通適時的電話。於是，透過電話聽筒，我給 Matthew 唱出這首安慰的詩歌，他也在歌聲中、在家人的陪伴下，安然離世。後來兒子代表我們家出席 Matthew 的安息禮拜。

在森美斯華人基督教會中，特別關顧我兒子的，除了梁太，還有多個家庭的弟兄姊妹。徐氏兄弟兩家人更是我家的「大恩人」，他們除了每個月至少一次接送朗曦到教會，更不時預備一些中式點心來安慰遊子，使朗曦在英國仍可嚐到美味的中式點心和餸菜，紓緩了思鄉之苦。其他家庭也在不同的情況下，以不同的方式協助兒子，他們都是父神派來的天使，默默地祝福及保守兒子的成長。曾有一句來自非洲的諺語，挺有意思：It takes a whole village to raise a child. 大意是一個孩子的成長，是整條村莊（引申到現代的處境，則指一起生活的羣體，也可以是教會的羣體或是屬靈的羣體）都有分參與的事。於此，我深有同感，亦衷心感謝父神把我們領到這個充滿愛和接納的羣體中。

人與人的相處是雙向的。人家給我們幫助，我們也當盡力付出關懷。這麼多年來，我和森美斯華人基督教會各弟兄姊妹的交往，使我儼然成為他們的一分子。他們經歷的難處，喜樂憂愁，都和我們分享。探望他們的時候，我會藉辦講座，跟他們分享健康和親子信息；我也有和他們分享自己寫的歌曲和創作的文章。弟兄姊妹當中有生病的，我就充當他們的義務健康顧問。至此，我才深深領受到《聖經·羅馬書》八章二十八節所言：「我們曉得萬事都互相效力，叫愛神的人得益處，就是按他旨意被召的人。」神呼召屬祂的人彼此服侍，成就祂美好的旨意。

在陌生地尋寶

I 新環境的挑戰

剛開學時，兒子還不足十四歲。英國政府規定，未滿十四歲的少年禁止自行乘坐任何國內的公共交通工具。開學的時候，他有我相伴，所以沒有違規。至九月中旬他十四歲生日後，便可獨自乘車往來，算起來又是恩典！到了十月中，學校有一個長達兩星期的期中休假，因為顧念兒子未完全習慣留學生活，思家情切，我們容許他自行回港。這一次，我們弄清楚乘哪一條路線的車最划算，然後在網上為他訂了車票，又拜託兒子的監護人把他送到學校附近的小城布里奇沃特（Bridgwater），再從那裏乘車倫敦希斯路機場。雖然在兒子開學時我曾和他多次演練在何處下車，便可順利到達機場的出境大堂，可惜人算不如天算，巴士抵達機場時，竟然停在一個先前沒到過的位置，兒子下了車，拖着行李，一個人在馬路上茫然地走了好幾個路口，居然又給他跌跌撞撞的走對了方向，找到出境大堂，並順利辦理登機手續，登上回港的班機。一路上，我們利用手提電話隔空了解情況和給予指示，得知他最後走對了路，才鬆一口氣。

直到假期完結再次回校時，我們訂好了由倫敦回湯頓的車票，大約是上午八時半發車。過了開車的時間，兒子打電話回來，說沒有見到車，而班次編號一樣但並非去湯頓的車倒開走了。後來，他才曉得巴士只會註明終點站的名稱，而湯頓並非終點站，所以巴士沒有顯示去那兒，難怪他錯過了這班次。得知兒子在路上擺了烏龍，即使父母心裏焦急也沒有辦法，惟有安慰他，指示他自行到票務處補票，好乘坐下一班車；然後又通知監護人，兒子錯過了本來的車，要乘下一班車。回想起來，這些都是兒子人生旅途中寶貴的經驗，教曉他學習獨立應變，這本是在外地自行求生的本領。

校方對學生的品格要求頗為嚴格，不允許他們在宿舍房間內上網，也嚴禁吸煙和濫藥等。然而，在一些同學聚會中，總會見到有人吸煙、吸大麻等出格的事。若非兒子明白自己的身分，還有差遣禮上叔叔「要出要入」的叮嚀，說不定兒子會像這些同學一樣，不自覺地失足。近年基督教在英國本土全面淪陷，英國學校的品德教育也教人擔心。在兒子就讀的中學裏，他恐怕是惟一的基督徒；我只能每天為兒子禱告，除了把他交託給天父，也怕不得那麼多，深信天父自會保守。

在外國，動不動投訴其他同學要預備付很大的代價——可能會被孤立、排擠，出現難以收拾的局面。部分同學可能有點過分活躍，經常滋擾班上其他同學上課，兒子也曾受到一位同學欺凌，但基於不想破壞同學之間的和諧關係，兒子只好選擇忍耐等候，幸好過了一段日子，那位同學便給調去其他組別。後來，兒子的其中一個同房同學，竟然藏有小刀，被校方發現後遭警告之餘，更被勒令離校，知道這事後，我不禁為兒子抹一把汗，須知道小刀黨近年橫行英國校園，是教育當局一個十分頭痛的問題。

九一一恐襲之後，機場的保安措施提升了不少；後來倫敦發生巴士爆炸事件，英國人更是人心惶惶。我一度為這些恐襲變得有點兒神經兮兮的，多番叮囑兒子乘機回港時，儘量不要停留在未通過安檢的等候區，抵達機場後務要儘快進入相對安全的旅客禁區，生怕有炸彈會突然在他身旁一些沒有人看管的行李中爆炸！送孩子到外國留學，父母實在要先克服不少心理上的恐懼。

後來我想通了，其實人生何時不需要冒險？這個世界哪有不用冒風險的決定？須知道留在家中，也不是絕對沒有風險的！若然憂慮這，擔心那，恐怕什麼也做不成，想通了也就釋然。父母要讓孩子明白，人生本身就是無盡的冒險和決定，當然也衍生了無盡的可能和機會。但我們相信，或向左，或向右，都有恩典和保守在其中。

頭一年，兒子是全校惟一的華人，這對他來說也是好事——迫使他一定要以英語和同學溝通。然而，同學中可以談心事的人不容易找得到，所以日子還是過得有點孤單的。特別是週末，當大部分同學都回家去，兒子經常獨個兒留在宿舍。往窗外望，盡是一大片草原，學校旁的公路上稀疏的車輛呼嘯而過，偶然還有一大羣羊走過，一派田園景色。窗外也有多棵大樹，經常有英國品種的田園鳥飛來飛去，覓食，甚至築巢。經常獨自處於這樣的環境，對一個少年人來説，實在不容易適應，幸好兒子早已習慣和大自然對話，縱然孤獨，但他未有過分情緒低落，算是萬幸。

因為兒子個性較開朗，後來結識了不少要好的同學，其中一些還在暑假來港，由我們家接待，度過不少愉快時光。印象中，同學中比較少囂張之輩，或許有學障的孩子都有被同學看扁的經歷，所以己所不欲，勿施於人，造就了他們比較謙和的個性。

運動可以促進青年人的心智發展，培育團隊精神，也增強他們的抗逆力、毅力和意志。英國的中學對學生的體能鍛煉要求很高。每個學生均要參加多項球類活動，也要定期接受體能評估，以提升個別同學的體能。在和其他人比賽之先，每個人都要和自己過往的體能比較，以期取得進步。跑步常是他們的操練方式，即使下雪天，也要在戶外跑步，兒子就曾和一大班同學一起經歷過這樣的操練。在香港的中學，體育課往往只是被輕輕帶過，運動競賽彷彿只是少數精英運動員的專利，大部分同學只有當觀眾或啦啦隊的份兒。

運動多了，受傷的機會自然也增多，不過英國的學生會視運動創傷是生活的一部分，更不會因害怕受傷而不敢涉足運動競賽。在留學的歲月，兒子有好幾次受傷，扭傷足踝關節是最常發生的，有一次甚至弄至脛骨輕微骨折，一條腿打了石膏。作為父母，在午夜時分得知孩子在彼邦骨折，被送入醫院，實在非常擔心，惟有透過長途電話向校方查詢情況。折騰了一個晚上，翌日才得知兒子沒有大礙。後來兒子回港，腳上的石膏還未拆下，得用手杖輔助走路，要獨自乘巴士到機場回港似乎十分困難．幸好教會弟兄姊妹拔刀相助，義務駕車直接送兒子到機場。在外國經歷這些意外，使兒子更加明白「在家靠父母，出外靠朋友」的道理，也體會到教會肢體互相關顧幫助的情誼。

即使多愛孩子，父母也要學習放手，讓他們碰碰釘，經歷一點狀況，他們才能茁壯成長，培育出獨立解決問題的能力。

朗曦的回應｜回應挑戰

親愛的媽媽：

上次寄來的包裹，我收到了，每次都期待你寄給我的零食，令我感到更貼近香港的生活。

最近又發生了許多事情，一個週末回來，我還在整理房間的東西，突然有幾個同學跌跌撞撞的走進來，不停地笑。當我還在猜想他們笑什麼的時候，其中一個同學打開窗戶，然後點了一枝煙，當他轉過頭來看見我，便把煙遞到我面前，然後跟我說："Matthew, life is short！"當下，我才意識到那枝是大麻。我帶笑拒絕，接着便離開，把他們留在身後的房間。

當誘惑來到時，拒絕其實一點都不容易。遇到這樣的事情，便想起我是你和爸爸的兒子，更是屬神的子民，那一刻才能持守你們的教訓。

知道你們每天為我禱告，使我更肯定持守的力量不是從自己而來的。

曦上

2 親情互傳遞

內子自小就有寫日記的習慣，一直堅持到今天。在她的薰陶和引導下，孩子們也養成寫札記和網誌的習慣，內子認為孩子可以透過日記或札記抒發情緒，了解自己的內心世界。雖然我公務繁忙，未能每天寫日記，但也經常在給病人的復康刊物及親子刊物上撰文，後來也寫了《子鳥深情》一書。閒來我也喜愛填詞、作詩等與文字音韻有關的創作。談戀愛期間，我和內子更常以書信傳情達意。這種情懷傳承到家中每個成員身上，喜愛藉文字表達。是以，縱然兒子有讀寫障礙，由於身處二十一世紀的數碼年代，他依然承傳了用文字來表達情感的家族傳統。

兩個孩子在英國留學（後來女兒也到英國留學去），與父母保持緊密溝通實在非常重要。那時，電腦視像通訊還沒有現在那麼普及，長途電話已算是比較方便，但感覺上，好像還是缺了什麼似的。有時候，通電話時，大家可能未預備作深入的溝通，傾談便容易流於表面。相比之下，我們還是較喜歡用文字來溝通。一方面可以較深入，另一方面也沒有時間限制，對方什麼時候讀也沒有問題，而且還可以再三回味箇中內容。思緒透過文字表達，由於是經過整理、反思，因而變得深化。文字的溝通可以是信件，可以是電郵，更可以是網誌。我喜歡用電郵，內子則愛親手書寫信件。當年，面書還沒有今天那麼流行，孩子會寫網誌記下內心感受。深入的文字溝通，能讓大家的心靈向對方敞開，促進彼此間有更深入的了解。

回憶的分享也是我們常用的溝通內容。觀鳥是我和兒子經常喜愛分享的經驗。有一回，我們在樹林裏訪尋一隻罕有的鮮黃色小鳥黑眉柳鶯。透過雙筒望遠鏡，我們的視線幾乎在同一時間在二十多米外的樹梢上相會，我們一起發現那隻期待已久的小鳥。當下，我們同時間説出鳥的名字，一陣狂喜之後，便是父子之間早有默契的互相擊掌。這回憶的分享讓我們肯定彼此之間的聯繫和共鳴。

重新翻開以前的通信，今天依然有一份感動。在當中，記錄了我們反省的點滴，朋輩之間關係上的改變的感受。當我分享工作上的苦與樂時，孩子也跟我分享他們學習上的挑戰。我在職場上的堅持和努力亦可鼓勵他們在學業上奮進。當各人看到彼此那份不輕言放棄的精神時，更艱難的處境也可以熬過來。能見證他們姊弟倆有這麼美好的成長，自己又能和他們有深入的分享，為父的，再辛苦工作也是值得的。

3 死亡、孤獨、空間

從小到大，我們都鼓勵孩子表達自己的想法和意見。

兒子念小學的時候，曾接觸音樂和五線譜，發覺他讀譜比閱讀文字更困難，老師認為他近乎「音盲」，是以兒子一直沒有學習樂器。豈料到英國念書後，空閒時間較多，他偶然拿起同學的結他撥弄幾下，又上網找到一些有關結他和弦的理論來看，才發覺學結他沒有想像般困難。回港度假時，兒子提出想買一個結他作閒時消遣。我想，兒子能學點音樂，陶冶性情，也是好事。想不到這支結他竟為兒子打開了一條豁然開朗的音樂路。不足一個學期，兒子由完全不懂音樂，到可以掌握結他多個和弦，還可以自彈自唱好幾首心愛的歌曲。

在留英第三年的上學期，兒子經歷了一件難忘的事。

在一個週末，學生如常回家度假，然後如常地在週日晚回到學校。大家在休息室看電視，有說有笑。其中一位相識三年的同學，突然感到嚴重頭痛，當晚即被送入醫院，翌日才知道該同學因腦溢血離世。噩耗傳來，對兒子和一班青年人來說，實在難以置信。昨晚還是同學中風趣的開心果，今天已不在人世，這使兒子益發感受到生命的脆弱和無常。

之後的週末，兒子留在學校，沒有和同學一起外出。校園偌大的空間，在寂靜的週末更顯淒清。他在房間思前想後，懷念剛逝去的同學，頓覺生命短暫，更覺需要神的同在與引領。

同學的去世，長期的孤獨，對前途的未知與恐懼，再加上身旁沒有可以談心的知己，內心的感受無處抒發，音樂自然地成了兒子其中一個主要的情感出口。

在安靜又充滿感傷的空間裏，孕育了兒子創作的情感，在他腦海中突然飄出一連串音符和歌詞，驅使他用音樂表達這份縈繞心中的騷動。在掌握了用結他彈奏簡單歌曲之後，兒子突然發覺可以自行創作歌曲，他首先寫下歌曲的結他和弦，然後在腦中醞釀主音旋律，最後填上歌詞。一首接一首的歌曲陸續誕生。

從二〇〇六年開始，兒子陸續創作多首歌曲。第一首創作的歌曲是 *God Will Lead Me through the End*（2007，中文譯名：《神將領我穿越人生的終結》）。

Sometime I feel alone, sometime I feel afraid.
Trapped in the darkness of my soul,
Searching for light and salvation.
But in the end, I've found God's hand.
I know that I don't walk alone,
He walks with me through storms and rains,
I know that I don't walk alone.
God please hear my praise for you,
I know you're holding my hand,
God I see your light shining from above,
You'll lead me through the end.

不久之後，曾任兒子主日學導師的鮑志承牧師突然離世，兒子回港度假時，特地在教會獻唱這首歌，表達他對鮑牧師的懷念。死亡不是生命終極的結束。我們相信神不單在我們尚在人間的時候帶領我們，祂也會帶領我們度過人世終結，進到一個嶄新的境界，那裏沒有疾病，也沒有悲傷。

其後，他又創作《回家》(2007)，抒發他對家的思念。

小時候 我們都想長大
長大後離家
追逐自己夢想
那時候 不懂世界多大
離家才懂得
世界上的複雜
想起小時候的我
總是被你保護着
那時候的我
只想快點長大
我很想回家
世界太複雜
為什麼我們都要長大
我很想回家

這世界太大

在人海中迷失了方向

我想回家

長大後 我學習變堅強

但社會混亂

這世界不簡單

有時候 自己堅持很難

要守護夢想

不讓夢想受傷

想起小時候的我

總是被你保護着

那時候的我

只想快點長大

我很想回家

這世界太大

在人海中迷失了方向

我想回家

我們夫婦倆頭一次聽兒子唱這首歌時，不禁感動落淚，為他年紀小小便要獨自離鄉別井，在異鄉飄泊，倍感到辛酸難受。但正是這樣，才可以造就他加速成長，勇敢堅強地面對自己成長的關卡，突破重重障礙，得到美好的成果。這些年來的孤獨、淒酸、苦楚，也是他成長的養分。

二〇〇八年四川發生大地震，兒子雖然身在外地，但從電視畫面看到大量令他深深震撼的災難場面，加上經歷同窗的猝死，大大衝擊了兒子的心靈，使他更深切體會，苦難是人生一個重要的課題，為此，兒子創作了《為世界流的眼淚》，表達他對世界苦難的感傷與回應。

我耳邊聽見　有悲劇又再重現
看傷痛畫面　我緊緊閉上雙眼
不想再聽見　這個混亂的世界
不想再看見　為世界流的眼淚
有沒有辦法　改變這複雜
不再去想它　問題只會變更大

我能不能改變世界的觀念
我要怎樣才能令你看得見
在這人性沙漠中　愛會出現

平常的一天　被新聞一下破裂
我不能入眠　只好靜聽這世界
看見是傷悲　為一天畫上句點
社會的殘缺　我們已失去感覺
有沒有辦法　停止這些複雜
不再正視它　問題只會變更大
我　能不能改變世界的觀念
我　要怎樣才能令你看得見
在這人性沙漠中　愛會出現

我一直聽見　有哭聲傳到耳邊
看不下畫面　我祈禱奇蹟出現
有好多抱怨　要多久才能停歇
世界的眼淚　你是否也看得見
我緊閉雙眼　希望能停止一切
我不禁落下　為世界流的眼淚

在外國生活，空間比較多，孩子反而可以發掘和摸索自己的長處，並將之發揚光大。兒子若繼續留在香港，他成長的路徑會很不一樣，也許未必能發掘那潛藏生命中的創意。

4 大自然的禮物

有一次，美術老師要求同學以一些他們內心有強烈感受的題材來創作。結果，兒子選擇了「種族歧視」這個課題，並創作了一系列作品。細讀孩子字裏行間的心聲，再看他電郵過來的畫作，我深受感動。後來兒子開始了音樂創作，偶爾把歌詞和聲音檔案一併電郵給我。一邊讀他填的歌詞，一邊聽他唱的歌曲，內心的激動難以言喻。看見他勇於用音樂、文字，再加上影像表達他對世界的感受，才驚覺兒子真的成長了。比起從前，他更勇於表達，尤其對一些不公平和不合理的現象，他會坦白地説出自己的看法。例如當我駕車時出現某些不恰當的行為，兒子會當面指摘。對於兒子這些不客氣的批評，初時我會有點不高興，後來，我反而選擇直接讚許他那份勇於表達的個性，更鼓勵他用各種方式表達他對這個世界的看法。

兒子自小很喜愛畫畫，到英國後自然十分喜歡美術科。他的作品經常被刊登於學校通訊上。他經常在創作中加入大自然的元素，其中一幅是表達大自然與城市發展的關係，他把多種香港的珍稀鳥類襯托在高度城市化的維港上空。後來他又以種族歧視為題，畫了很多作品。由單單表達對大自然的喜愛，到以批判眼光來作畫，藉此回應世界，這個過程，實在是一個難得的機會，也是兒子成長中的一個里程碑。

曾經有好一段日子，尤其在上文提到那位要好的同學離世後，兒子因為感到孤獨，人變得有點低沉，加上人在英國，交通不便，很少機會接觸大自然，觀鳥的機會也比從前少得多，以致整個人有點鬱鬱寡歡。但奇妙地，學校的老師後來竟駕車載兒子到附近的觀鳥點，讓他留在那裏獨個兒觀鳥，兩個小時之後再接他回校。老師的體諒和熱心，令兒子得以重新得到大自然的薰陶，心境頓時豁然開朗，學習也更加起勁。從拍攝下來的影像，看到兒子善於捕捉大自然最美麗動人的一面。為了觀鳥，他可以冒着嚴寒，在泛着晨霧的湖邊，拍攝那隻打着呵欠、半睡半醒、可愛得不得了的鳳頭鸊鷉；又在校門前那棵大樹下等幾小時，只為拍攝貓頭鷹在樹上吐出食物殘渣的珍貴一刻。英國的春天，百

鳥爭鳴，跳躍枝頭，築巢育雛的景象，更是生氣盎然，深深地觸動兒子，助他勝過孤單和落寞的心情，重拾生命的熱情和盼望。後來，兒子更和當地的觀鳥人士互通情報，還交了幾個老外「鳥友」，其中有些更邀請他到較遠的地方，一起觀鳥度週末，這都是兒子成長期中珍貴的經驗。《聖經》的話語和大自然，在不知不覺間成為兒子精神上的祝福，使他靈命日漸成長。

有一年父親節，收到兒子以他拍的鳥兒製成的電子賀卡，令我這個遠在千里之外的父親喜不自勝。大自然，成為我們的結連媒介，由我們開始一起觀鳥，直到今天，也是如此。

媽媽的回應｜成長的考驗

親愛的曦曦：

每想起你，我只能說：Hallelujah，讚美主！想一想，由你小二被診斷有讀寫障礙，我們經歷了多少的挫折、憂傷？但同時我們也經歷了神無盡的恩典、憐憫，才走到如今。

年少時，你便要承受離家之苦，為的只有一件事：尋找出路，衝破學習上的障礙。媽媽明白你並不喜歡英國的生活，少年離家也很苦，但為着學業，再苦也得忍耐，這是你成長的考驗，待你羽翼漸長，自會飛得更高、更遠……

只要我們認清問題，靠着主賜的力量，相信我們必定可以從困境中走過來的。我兒，為此你要加倍努力及忍耐。

每想起你，媽媽就滿懷感恩。雖然你在學習上遇到不少挫折，我們亦流過許多眼淚，但在你身上仍滿有恩典。試想想，你在英國本來舉目無親，到今天卻得着各方的照應，我認為這本身已是奇蹟！若是在神裏面，現實上很難想像。媽媽盼望你不要單單接受人對你的施予，有一天你也要回饋；當你身邊的人有需要時，你在能力範圍之內也要伸出援手，這就是神賜下的誡命：要屬祂的人彼此相愛。

孩子，你已踏上人生的另一程，願主祝福你走平安的路，縱使離家，仍因心裏有愛而充滿力量。由此，相信你必定能衝破障礙，終有一天達到理想，獲得你應得的獎賞！

記着，有許多人為你禱告，守護你，你也要靠主剛強！

愛你的媽媽

5 信仰的成長

在英國留學，基督徒常要面對潮流價值的衝擊——過分注重物質化生活，吸煙、食大麻、喝酒、泡妞的，都大有人在。若非有堅實的信仰基礎，實在不容易站得住腳。慶幸無論是英國還是香港教會的團契，都會給信徒查經的訓練，有助兒子打好穩固的《聖經》基礎。

兒子在森美斯華人基督教會獲得多個家庭的接待，包括了生活上的照顧和精神上的支持，實實在在經歷了神的保守與預備。在長假期時，兒子曾先後到四個家庭居住。平日，兒子也能經常品嚐他們親自焗製的糕點。兒子和這些家庭的孩子也很合得來，儼然成為他們的大哥哥，帶來很多歡樂。

在教會的日子久了，兒子偶然會幫忙結他伴奏，也創作了不少可供崇拜用的詩歌，其中一首由兒子作曲、我填詞，名叫《神伴我走人生路》(2007)。自大學時期，我便愛上填詞，如今兒子也能作曲、填詞，我倆偶爾可以合作，做這樣有意義的事，實在好得無比！

讚美祢開天造地
無涯大愛確神奇
降世來贖我罪孽
創痛不去避

世界太急功近利
無常幻化不稀奇
處變猶幸信念在
祢愛常念記
賜我信心　更賜愛心
不叫我淡忘
神能挪去心中幽暗
賜盼望　平安心坎裏滲

愛你恩主必預備

神陪伴永不分離

茫茫前路去護佑

時時扶助你

賜你信心更賜愛心

不叫你淡忘

神能挪去心中幽暗

有盼望　神愛真光庇蔭

因着參加崇拜的青年人漸多，兒子便和幾個青年人組成青少年敬拜隊，目的是凝聚青少年，熱心投入教會。為促成這個敬拜隊，不少家庭都願意支援他們，包括預備茶點、提供接送等，可見大家為着教會青年的成長，自發地投入和付出，實在是一眾年輕人之福。

兒子在英國的學習生活，多番經歷神的恩典：由學校的栽培，到生活上得到各種的支援，目睹屬靈前輩美好的見證和教導；透過大自然四季的轉換，領略神創造的精妙；在安靜獨處中，聆聽來自心靈深處的呼喚，發現潛藏生命中的恩賜，激發他主動尋找

人生的召命。另外，同學的突然離世，讓他經歷了生命的無常和可貴，也得到從神而來的安慰。這一切經歷，都是他在信仰上的第一手領受。二〇〇七年暑假，他決定和姊姊一起受洗，加入教會。

二〇〇八年八月，母會廣恩堂一對熱心愛主的夫婦——勞國超和鄭瑞芬伉儷，帶領一班青少年團契成員舉辦了一個「舉高雙手跟耶穌．真音樂．真人 SHOW」青少年音樂佈道會。兒子被邀請上台作見證，分享他在英國留學的苦與樂，以及開始音樂創作的心路歷程、對苦難的看法等等。兒子多番感謝在英國照顧他的屬靈羣體，更感謝天父的保守，讓他好好成長，他更即場彈奏早期最喜愛的周杰倫的歌曲，並演繹了多首自己創作的歌曲，包括《回家》、《為世界流的眼淚》和 *God Will Lead Me through the End*。這是兒子頭一趟面對超過一百人分享見證，並在樂隊伴奏下演繹自己的作品，實在是一個很特別的成長經驗。我衷心感謝教會中願意鼓勵兒子、給他機會分享創作成果的弟兄姊妹。

作為父母，坐在台下聽見兒子在成長中的掙扎和心聲，看到他懂得感恩，並數算所經歷的恩典，最後還曉得將榮耀歸予父神，這一切都使我們非常感動。而肯定的是，我家兒子真是長大了。

朗曦的回應｜親眼看見神

從小到大，我都跟着父母上教會。

小時候，我老是不明白為什麼逢星期日要上教會。個性比較活躍的我，覺得坐在主日學教室裏唱歌和聽故事，是頂無聊的事。

小學時，成績不大好的我，被證實有讀寫障礙，致使我的自信心很弱，在學校又遭同學欺凌。有時我也會問：為什麼這些事情會發生在我身上？

上了中學，我才真正嘗試去了解我一直「信」的宗教。自問對《聖經》故事已經瞭如指掌，一家人吃飯前和睡覺前也習慣一起祈禱，但我發現，原來自己真正知道的，其實很少，我不知道自己在信什麼！

我開始每個星期六出席 Say@Church（宣道會廣恩堂的中學生團契），不是為了交朋友，而是真心嘗試了解《聖經》裏的道理。這樣又過了幾年，但對神還是沒有足夠的信心。

三年前，學校表示不能再給我學習上的支援，數學老師更對媽媽說：「我真的無法教你的兒子，請你找個家教吧！」連老師也對我心死，在無法學習的情況下，我只好到外國留學去。

在一個陌生的地方留學，其實很可怕。離港前，我一直求神賜我勇氣。我記得在離港前一晚，我一直在禱告，因為心中實在有很多不安，也有很多未知的事情。

留學三年，當中的經歷和體驗很多，而神的恩典更是超出所想所求。祂不只在這些年來保護我，還差來一羣天使環繞在我身邊。回望這三年，神的恩典真的太多，怎也數不清。過去我對祂沒有信心，祂卻依舊看顧着我、愛我，感謝神！

現在的我學會珍惜身邊的事物，因為這些都是神早早給我預備的。我也對神有更多信心，因為祂不只僅僅賜給我所需，而是比我想像的更多。現在我禱告時，不再帶着猶豫，而是帶着滿心的感謝。

二〇〇七年四月四日受浸見證

又一場障礙賽

I 女兒的差遣禮

二○○三年初，我們全家在英國探路，女兒正就讀中四，表示對英國的預科學校甚為嚮往；一年後，兒子在英國入學時，她再次向我提出有意到英國升學的願望。以女兒的成績，入讀本地預科應該不成問題，但她渴望認識外邊的世界。作為父親，自然也考慮到對待兒女的公平原則。

但使我下決心送女兒去英國讀預科，是考慮到女兒的信仰情況。我們的教會位於沙田，而我們卻住在葵涌。由家中駕車回教會，十五分鐘即可達，但若坐公車則要花上一個多小時。教會的青少年團契在星期六舉行，大概因為長途跋涉，女兒自中學起便不願意參加團契，只參加週日的成人崇拜。沒有同齡的信徒互相勉勵，實在不利她的靈命。即使她繼續上教會，也不過是禮貌地跟隨父母，信仰似乎未能和她的生命接軌。我意識到，繼續留在香港讀書，女兒可能很快便步上離棄信仰這一條路。

而女兒心儀的英國預科學校，距離森美斯華人基督教會很近，步行只不過約二十分鐘。兒子入學時，我親睹一大羣來自教會附近的預科留學生，經常參加主日崇拜。如果女兒在那裏升學，或者可以鼓勵她更主動投入教會生活，説不定對她的靈命成長有意想不到的好處。雖在英國難免受到文化衝擊，但對反思信仰和自己的關係，也許有莫大裨益，讓基督教不再是她跟隨父母而得的第二手信仰。結果我答應了女兒的懇求，讓她會考結束後投考英國的中六。入學的過程出奇地順利，女兒在兒子赴英的翌年也去了英國。

兩個孩子一同負笈英倫，經濟上的壓力也不容易，但考慮多個因素後，我們還是這樣決定。事後回想，這個決定實在祝福了孩子們，不單在學業上，更在全人和靈命成長方面，得到可貴的栽培和成長的空間，都是當初意想不到的。

與兒子出國前一樣，我們也在女兒升學之前，為她舉辦了一個簡單而隆重的差遣禮，讓她知道，有一個守望羣體在背後支持她，為她代禱。對她來説，這是非常重要而又難能可貴的。

後來，我們再次舉家去英國，陪同兩個孩子開學。上一次去英國，我們是陌生人，但這一年，我們已經跟多個家庭建立了弟兄姊妹的關係。

在英國，女兒同樣得到不少家庭的愛護和照顧。可以想像一下，一個留學生下課時，偶然有親切的嬸嬸帶來美味的點心，是何等甜蜜。為着這羣體的愛心服侍，我們只覺不配，正如一首詩歌所言，恩典實在太美麗了。

英國預科選科的選擇比較多，而且富有彈性。結果，女兒選讀了美術、心理、數學和食物科學等科目。後來，我在那所中學偌大的畫室裏，看見了女兒的畫，看到她大膽又自由的發揮，甚至連學校公開畫展的宣傳海報也選用了她的作品。女兒在結業畫展上展現出自信而投入的眼神，讓我相信，修讀美術和心理，給她嶄新而廣闊的學習空間，不用再死記硬背，對她的全人成長甚有幫助。這一切都叫我這個父親感到感恩和安慰。

女兒去英國求學，必然受到當地的文化衝擊，從極度開放的性觀念到崇尚名牌的物質主義，都在吸引着一個成長中的青年人。經歷生活的衝擊，使她感受到持定個人信仰和生活處世原則

的重要。否則，很容易會隨波逐流，被世界的主流價值觀念同化。我們夫婦倆只有懇切地為她禱告。

預科後，女兒如願升讀華威大學（The University of Warwick）的心理系。她參加大學基督徒團契，並被選為團長。大學團契是一個珍貴的屬靈羣體，青年人在其中彼此互勉，深入交流，增加了對神和信仰的認識深度。學生團契經常邀請一些成熟的傳道人協助牧養留學生，同學亦比較開放討論信仰觀點，又非常重視《聖經》經文查考。如果由同學帶領查經，他們事前非常認真地預備，對初信或靈命尚淺的留學生來說，查經小組是一片有利信仰扎根的好土壤。

環境的改變、神的感動和經歷屬靈羣體的激勵，女兒由一個只喝父母第二手信仰奶水長大的孩子，成長為第一手經歷信仰的青年人。這個改變不是必然的，也不是父母可以計劃的，只能說完完全全是神的恩典。

懷瑩的回應｜感激放手的爸媽

親愛的爸爸媽媽：

謝謝你們。謝謝你們一直以來的供給，使我從小什麼都不缺，甚至答應讓我到外國升學。我知道為了成全我這任性的願望，你們在生活上做了很多不同程度的調節和犧牲，我心中很是感激。往英國升學是我人生一個最大的轉捩點，離開你們的保護，開始學習獨立。英國的空間、文化、見聞幫助我成長，認識並建立自己。我感激你們的信任，讓我在年輕時認識世界之大，接觸不同的文化，令我對自我和外在的見識都增進不少。

話說回來，一人在外，說沒有掙扎跟困難是不太可能的。夜闌人靜，偶爾會有點鄉愁，也會想家，掛念有你們在身邊的日子。面對四面八方迴異的生活態度和價值觀，亦會苦惱如何自處，這大概就是成長的歷練。

如果你們問我是怎樣適應過來，我想你們對我的信任是很重要的一環。你們常告訴我，無論如何都會愛我並支持我的決定。對父母而言，忍着不插手，放手去支持子女應該不容易！可是，正正因為你們願意放手讓我有機會學習獨立，我漸漸相信自己有能力做不同的決定，探索一些不熟悉的領域。每個人到外地留學的經歷都不盡一樣，但對我確是一樁美事。

對你們的感謝大概一輩子也說不完。

愛你們的女兒字

2 給女兒**打氣**

我和內子的相遇相知，由互通書信開始。在日常的相處，除了談話溝通，我們還習慣輔以文字溝通。這些年來，與孩子的書信已儲了一大疊，閒來翻閱，更能感受到他們由少年到青年期成長的痕跡，由幼嫩到成熟，由迷惘到肯定，數算起來全是恩典。

內子過去二十多年，都在親子關係促進會中服侍，推廣親職教育。多年來，親子會間中邀請會員與子女在聚會中真情對話，這成了我們和兒女溝通的平台。在公開場合聽兒女的分享滿感動，他們的話往往也發人深省。原來父母會不知不覺活在先入為主的假設中，不去聽聽孩子及新一代的聲音，以致父母有可能跌入親子盲點而不自知。透過孩子的分享，我更明白這一代人的思維，例如他們不喜歡重複、不愛聽理論、喜歡以視覺去認知等，是不愛聽其言，只愛觀其行的一代。透過這一類親子對話，我們校正了和兒女相處的態度。

內子給孩子寫的信，既是閒話家常，也會分享她的個人經驗，又嘗試從孩子的角度體會他們的處境，更時常從《聖經》的角度勉勵他們，教他們面對不如意的人和事，並要思考神有沒有什麼要他們學習的地方。

藉着持續的親情傳遞，我們雖然遠隔重洋，仍然可以溝通無間，甚至談得更深入更透徹。親情的傳遞的確是青少年健康成長的一個主要元素。

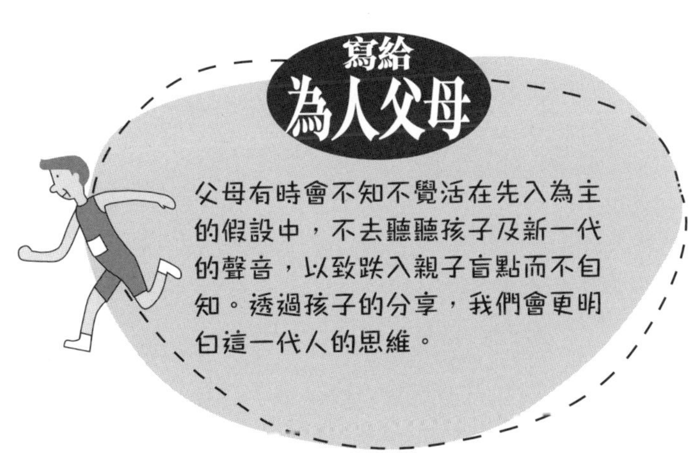

媽媽的回應｜信心的力量

親愛的瑩瑩：

今天在家休息，享受週末的安靜。無意中看到「創世台」播出 Joyce Meyer 的講道，她講的是〈馬太福音〉十六章：「法利賽人和撒都該人來試探耶穌，請他顯個神蹟給他們看。耶穌卻回答說：『……除了約拿的神蹟以外，再沒有神蹟給他看。』」是的，當時這班人明明見證耶穌用五餅二魚餵飽三千人，一次、兩次，但心眼卻盲了，還要求看神蹟。

人活於世就是一場信心的歷程，我們即使信主受浸歸入基督，自命是基督徒，然而卻活得毫無信心，沒有喜樂，常常為生活的挑戰而搞得心緒不寧，寢食難安！他人的行為主宰着我們的情緒，神究竟在哪裏？為什麼祂沒有活現我們的生命之中？感謝神！這幾年我見證子凱爸爸真的做到了，他憑着對神的信心，堅持自己做人的原則。不管多艱難，還是以平常心面對。我實在感受到當中的奇妙，這絕非憑一己之力可以辦到的。

什麼時候我們才真正懂得生命？甘心把主權交出，學懂捨棄，然後得回生命？當我們明白人生是一場屬靈的歷練，把神放在首位，我們的人生才會輕省。因祂所愛的，必叫他安然入睡。有信心必然有行為彰顯，否則如何讓人從我們的生命裏看見神？

親愛的女兒，如果你為畢業考試而不安、睡不安寧、心情煩擾，何不先停下來問問自己：究竟你為什麼讀大學？你為誰而追求優秀？若你開始不那麼肯定自己對神的信心，我邀請你讀〈路得記〉第一和第二章，裏面提到信心的抉擇，第三章描述信心的經練，第四章則是信心的獎賞。至於畢業後的去向，你毋須為全球經濟不景氣而憂慮，須知無論你向左走、向右走，只要你不偏離上帝的道，祂必指引你該行的路，在祂裏面必有預備！無論哪個世代，都有其問題，人只要活着就必須面對，所以不要只着眼於眼前的艱難，要信祂的恩典夠你用。

這是媽媽今天從神所領受的話。

祝福你常常平安、喜樂！

愛你的媽媽

3 真信仰

起初，我期望 Taunton 教會蓬勃的屬靈氛圍可以感染女兒，想不到過了一年，女兒的好朋友都相繼離開學校，到世界不同的角落升學，留下女兒獨自上教會。我和內子在這關鍵時期不住的為女兒禱告，內子更用書信鼓勵她。

親愛的瑩瑩：

傳來你沒精打采的聲音，知道你又有一位好朋友將回港升學，失落的心情可想而知。

女兒，你已進入了成人的世界，不論爸媽有多愛你，也阻止不了你要遭遇的挫折和考驗，只可以與你分享我們成長的體驗。

你留戀此時的友情網絡，就好好珍惜吧。分離不是完結，但確是友情的最大考驗，要看你們日後的緣分和對方在你心中的優次。

真正的友誼是經得起考驗的，也需要彼此的誠意，及悉心的澆灌。你和暉暉不就是最好的明證嗎？再看，媽媽年輕時結交的好朋友，很多也相識近三十年了。

我仍要為你感恩。想想神有多愛你，在你初到英國的第一年，為你預備一班信主的同學，讓你放開懷抱，享受真心交流的快樂。過往的你太呆板了，失去不少生活樂趣，你在英國的預科階段，可以做回一個活潑和快樂的青年人，一個有「人氣」的女孩，見到你有如此美好的成長，爸媽實在欣慰！

所以，不要泄氣！好好振作吧，今天的人與事，並不表示過去，你們還可以有很多機會相聚。享受今天的美好，珍惜眼前的機會，當你學會了欣賞，將來還有更多機會遇上更精彩的友誼。

此間你的失落和傷感，媽媽十分明白，因為我也是一個重情的人，也曾為此流過無數的眼淚。所以難過就哭一會吧，但哭過了，還是要繼續上路，堅強面對人生，這就是「成長」。

媽媽很多謝你願意和我分享你的感受，我很珍惜你的每一句話。求主安慰你，叫你從祂的話語得着安慰！

愛你的媽媽

萬萬想不到父神竟然使用這個方式，讓女兒在靈性上經歷更多，跟祂建立更緊密的關係。我們真是驚歎父神對女兒的帶領，奇妙地陶造她的屬靈生命。

有一次，森美斯華人基督教會有一個年輕人，將要在伯明翰的教會接受洗禮。向來關心青年學生的梁太邀請一些青年人到場觀禮，當中包括女兒，而這次成為神改變她生命的契機。二〇〇七年，女兒在香港受洗歸主時作得救見證，她詳述在英國的成長：

> 我出生於一個基督教家庭，自小就上主日學，對《聖經》故事耳熟能詳，我信這世界有一位神，只是祂距離我很遠。我感覺不到祂，祂只是父母的神，我跟祂好像沒有什麼關係。
>
> 在香港，學習的壓力很沉重，我連睡覺的時間都沒有，更不要說思想信仰上的問題。中五之後，我到了英國讀書，生活有了很大轉變，生活的節奏慢了下來，也必須學習開放自己去認識新朋友。我由小學到中學都讀同一所學校，身邊的人和事變化不大，我自認是滿單純的。但是去了外國，見識多了，就發現每個人的價值觀都很不一樣，在某些觀點上，我成為少數族羣。我開始質疑父母自小的教導，也開始思想我的信仰，我需要為自己尋找定位。

幸運地，我在學校認識了幾個要好的朋友，他們的背景和很我相似，跟他們在一起，促使了我在靈命上成長，但是我覺得自己尚欠一些親身經歷。上帝對我來說仍然有點遠。

在中六的暑假前，我幾個好朋友都為了不同原因，突然決定下學年去別的地方升學。我聽見這消息時，腦袋頓時一片空白，他們都是我在英國生活的重心，一下子全走掉，對我實在是個打擊，加上我自小就不擅交際，好朋友不多，遇到他們，我很珍惜。我害怕孤獨，如果他們走了，我就不只是少數族「羣」，簡直是少數族「人」了。

後來，我參加了一個朋友的浸禮，聽到詩歌《有一位神》，我不斷流眼淚。哭過以後，我突然醒悟，朋友不可能一輩子都在我身邊，可是神能夠，祂才是我要依靠的。原來我是多麼幸福，神是多麼愛我，這次經歷促使我重新思考是否要接受洗禮。

離家兩年，我在英國經歷了很多：在我遇到人際關係的問題時，祂教我要愛敵人，盡力與人和睦、只要祝福，不可咒詛、以善勝惡……等等。當我思想，便領略到神在我身上的恩典、奇妙的作為。我並不是為了一件事或一個經歷而決心受洗，而是我實在看見自己的罪，自己的渺小，神教我謙虛。

在現今的世代，世界很多引誘、很複雜，假如沒有神的帶領和教導，「路」實在很難走；但願我能一生不偏離祂的道，學習做一個蒙祂喜悅的女兒。

英國不同區域的大專院校都設有華人基督徒學生團契，這些團契每年都在復活節舉辦一個奮興退修會，北部的名為 Northland Easter Conference（NEC），南部近倫敦的是 Southland Easter Conference（SEC），而中部的是 Midland Easter Conference（MEC），由不同院校的團契輪流擔任主辦單位。女兒在大學團契認識到靈命成長的重要性，是以在大學一年級，她接受了一個挑戰，擔任二〇〇九年度 MEC 的籌委主席，並邀請了突破機構的總幹事梁永泰博士為領會講員。

當籌委主席，實在是一個頗為吃重的職務，也佔用了不少學習和溫習的時間，或會影響學業成績，女兒也感到很忐忑。

感謝神，二〇〇八年的全體大會順利進行，Warwick 團契亦正式宣布籌辦 MEC 2009！MEC 是一個四至五天退修會，約二百人參加，對象是十八歲以上的青年人，歡迎信徒或非信徒報名。籌辦 MEC 並不容易，我們一羣團契成員也考慮了好一陣子。畢竟，這是一件大事。但自從知道 Warwick 有可能主辦 MEC 以來，心裏其實很有平安，身邊收到的所有信息都是正面的，彷彿看到神不斷為我們開路。我就把握着《聖經》一句「我靠着那加給我力量的，凡事都能做。」（腓四 13）我們只是一班平凡不過的學生，很軟弱、幼嫩、也很渺小，但我們感受到神的愛和恩典，很想更多人可以認識祂，所以我們踏出了這一步：「我在這裏，請差遣我！」（賽六 8）求神大大祝福 Warwick 團契，保守我們每一個人的心，竭力認識祂和祂的話語，在信仰裏扎根，成為合神心意的兒女。

願神帶領整個 MEC 的籌備過程，使 MEC2009 能成為每一個人的祝福。

各位弟兄姊妹，希望你們可以懇切地為我們禱告。

我真的要努力讀書，好想繼續留在 Warwick，我很喜歡這裏的團契和弟兄姊妹，更想在團契事奉。若我真的可以 pass，是為祢。求祢教我學會謙卑，帶領籌備工作時，求祢提醒我一個好的領袖也是一個好僕人，但願我可以見證神在 MEC 籌辦中的帶領。Keep praying！

瑩瑩

二〇〇八年四月二十七日

經過一段時間的禱告，女兒大學團契一班弟兄姊妹決定接手籌辦翌年的 MEC。在過程中，女兒經歷了神的預備和同工，也掌握了統籌和組織的寶貴經驗。參加二〇〇九年 MEC 聚會的留學生有一百七十多名，女兒在聚會中學習和弟兄姊妹相處，為她的屬靈生命上了寶貴的一課。這個聚會陶造了女兒的生命，是對她一生的祝福。

WHO AM I? (Theme Song For Midland Easter Conference 2009)

關朗曦曲詞（2009）

Take a look inside. The questions on our mind

How do you define? Where my identity lies?

Our world keeps on craving, men are like puppets pulled by strings

Yet there's a true salvation in this world in Jesus' name

Who am I? To decide which are truth, which are lies?

Who am I? Can't deny without God we are blind.

Please show me my Savior, let Your glory shine.

Who am I? Give me a sign.

God is so divine, let's join His love like vine

God is just and kind, with humble hearts you'll find.

Eternal lives with blessings, He died for us with sufferings,

So there's a true salvation in this world, in Jesus' name

Who am I? To decide which are truth, which are lies?

Who am I? Can't deny without God we are blind.

Please show me my Savior, let Your glory shine.

Who am I? Give me a sign.

兒子為營會創作的主題曲，表達了青年人追尋個人身分的願望，也代表基督徒對當今世代主流價值的反省和挑戰。兒子能夠為這個聚會，貢獻自己一分力，也是神美好的安排。

女兒在英國得到安靜的空間、較多獨處的時間，以致可以親身經驗信仰，和上帝建立親密的關係。子女為教會付出了大量的精神和時間，但因着有良好的時間管理及專心求學的心志，在學習和事奉上都取得美好的成果。更可貴的是，女兒大學畢業後離開團契，仍繼續投入倫敦華人教會中的事奉，看見女兒的成長，身為父母的，實在有說不出的感恩。女兒和兒子在英國分別得到屬靈的成長，實在遠遠超出了我倆身為父母的所想所求。

愫瑩的回應｜從二手到一手

親愛的爸爸媽媽：

要說你們給我最寶貴的禮物，大概就是你們讓我從小就認識神。儘管小時候我對信仰還是矇矇朧朧，你們教導我，我們的家以神為首。可是在高中以前，祂只是你們的神，信仰於我只是一些神學知識。

感謝神，當我離家去英國生活，神一次又一次讓我感受祂的真實，我開始認真思考信仰。離家讓我有機會獨立面對世界，發現世界的複雜令人難以想像，我該如何立身處世，生命又是為了什麼呢？怎樣才算是豐盛的生命呢？感恩我能夠認識神，不需要自己面對這些問題，也有方向尋找答案，祂終於成為我的神。

因着信仰，我認識了很多目標一致的同行者。對我來說，信仰是那麼真和理所當然，祂是生活，也是生命。我如何活出我的生命，也在說明了我的信仰。人畢竟是軟弱的，面對變幻莫測的世事，五光十色的世界，誰都不能倖免於試探。在人生的旅途裏雖然會犯錯，冀盼我能倚靠神，作一個知錯能改的人，活出祂喜悅的生命。我也深信這樣的生命就是最豐盛的。

愛你們的女兒字

4 藉藝術祝福

女兒在中學和高考時都有選讀美術，之後又選了一些與藝術治療有關的基本課程。她認為藝術治療能輔助那些不能或不善於用言語表達自己的人，透過非語言的方式去表達和溝通，也讓輔導者可以更深入了解受助者的內心世界。

可能成長中，眼見弟弟因讀寫障礙吃了不少苦頭，女兒對特殊教育產生了興趣。大學畢業後，她選修了特殊教育的碩士課。碩士班上的同學多數是比較成熟的，來自世界各地，她在實習階段便要到不少特殊教育院校視察，使她眼界大開。

碩士畢業後，女兒留在倫敦一所專門幫助自閉症及阿士保加症學童的中學任助教。女兒本來不喜歡照顧孩子，但靈命成長令她改變，加上她切身體會有學障家人對家庭的衝擊，使她生出一份愛心去愛這些看上去不可愛的孩子，並和他們及其家庭同行。

她接觸的學生不少都是情緒不穩定，甚至有暴力傾向，不少老師都曾被學生襲擊。這一年，她累積了大量寶貴的工作經驗，合約完結後，她再轉到另一所推行融合教學的小學，幫助校內一些年紀較小的自閉症學童。

當女兒談起她那饒有意義、矢志服務特殊教育界的職志，我們都有說不出的感恩。願神繼續指引女兒的前路，願聖靈堅立她的心志，讓她所學能成為眾人的幫助與祝福。

今年年中，內子收到女兒一封家書，欣喜的是我們不再單是父母和兒女的關係，而是成為人生的知己。我倆都含着感恩的眼淚細讀女兒這封寶貴的信。

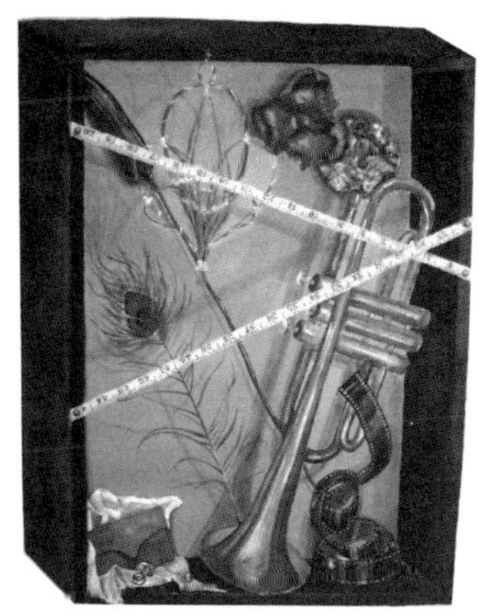

當子女逐漸長大，為父母的已不再單是父母和兒女的關係，我們更是彼此人生中的知己。

愫瑩的回應｜複雜的人生

親愛的媽媽：

最近好像發生了很多事，傳來的消息往往令人很感慨！「人生」究竟是怎樣的一個課題？人愈長大，愈覺得人生複雜，大概當你家的孩子太幸福了！這幾年我開始面對「現實」，多少也有些震撼，幸好沒感覺「很灰」，不過我想人長大了，對生命的感受的確不一樣。

就拿「感恩」作為例子，以前我把這個詞語看得很簡單，感恩就是有好事發生。儘管嘴上說着「感恩」二字，但情感上還是較平淡、單薄。長大後才發現這詞語所包涵的意義很不簡單。真正的感恩，不是因為發生了一件自己認為「好」的事，而是認識到很多「所謂」的「好事」不是必然發生。我學會的是，即使認為的「好事」沒有發生，還是要感恩，因為神透過「所謂」的「好事」或「壞事」來塑造我，使我更像祂喜愛的模樣。我學會面對「好事」感恩；因為好事不一定會發生，但它出現了，讓我感受人生的快樂、美好，這都是我本不配，神卻讓我享有，這樣的感恩是激動的！一旦面對我眼中的「壞事」時，我仍要學習感恩；因為世上本來就有不好的事，神卻應許陪伴我們走過幽谷，也會將一切看似咒詛的事化成祝福。我們若跟隨祂，祂會透過苦難幫助我們成長，成為一個更像耶穌的人。這樣的感恩是甘味的，是苦中帶甜的，這是神在《聖經》裏一個很真實的應許、安慰。我雖渺小，神並不輕看。

雖然人大了，世界複雜了，但我倆的溝通也更深入，我對你也更了解，你不只是我的媽媽，也是我的朋友，這種感覺滿奇妙的！我很感恩有你這個媽媽。

媽媽，我知道畢業後決定不立刻回家，你和爸爸多少也有些失望。老實說我並非不想回家，回家是容易的。我是一個懶人，可以過着像從前一樣被你照顧的日子，我一定忍不住向你撒嬌，只管找一份工作，回到家就飯來張口，一切不用操心。金錢、食飯、洗衫、洗碗、買餸、打掃清潔、娛樂、事奉等，都不用花費心力，哪像在外面那麼費力勞心，但你就容讓女兒在外闖一下！我知道自己未夠獨立，再說我頗喜歡現在與你們互動的模式，對我來說我們之間能有這種交流，我很快樂！我很珍惜現在的一切，也很期待有一天回家和你們相聚。

很感恩因着我認識神，在這複雜的世界不會無定向，也知道如何拿捏自己的價值取向。求神幫助我在未來的日子，不會被世界的普世價值觀打敗。祝你每天都能滿有喜樂，更有力量支持身邊的朋友，將喜樂和平安帶給他們。保重。

愛你的女兒上

苦難也是一堂課

四川的生命之旅

二〇〇九年七月下旬，我們一家和一班來自培基書院的家長、學生和義工，一行二十九人去四川地震重災區的北川縣。地震之後，政府建了一所新小學，還有偌大校舍及運動場的中學，我們去了擂鼓鎮中心小學做服務和探訪。

居民居住環境未如理想，主要住在臨時搭建的板房，只有基本的生活設施，但生活態度樂觀，不計較物質的條件，臉上經常綻放着燦爛的笑容，叫我們印象深刻。有一個小女孩，和公公婆婆同住，可能父母不在身邊，比其他小朋友沉默得多，但她的眼神堅定。她帶我們參觀板房區的公共圖書室，那裏的橫額寫着：「書籍是幼年人的導師，是老年人的護士，在岑寂的時候，書籍使我們歡娛，遠離一切的痛苦。柯里葉爾」原來小女孩最愛閱讀，但願閱讀真如那句標語所言，成為她的導師，減輕她內心的痛苦。我們也見到一些孩子，家人在地震中身故，不住沉默，一臉茫然，似在述說着他們各自不幸的故事。

在探訪期間，中國出現百年難得一見的日全食，探訪隊預備帶小朋友觀賞。日食時大地變得短暫黑暗，但很快又重見光明，我們藉着這現象鼓勵小朋友對未來存有盼望，不要因人生短暫的痛苦和困難感到氣餒。於是，我和兒子創作了一首主題歌曲《大地陽光》，也為配合這次服務的主題「大地陽光，同夢結伴行」。這首歌沿用兒子先前為 MEC 創作的 *WHO AM I?* 底曲調。第一次和受災小朋友一起唱這首歌，感覺很震撼。他們朗誦歌詞時那份感情，那份投入，直到今天我們仍難以忘懷。

大地陽光

關朗曦曲、關子凱詞（2009）

大地縱搖晃，卻撼不動盼望。

太陽給阻擋，轉瞬重現光芒。

告別昨天的徬徨，獻出今天的力量，建設明天的理想，

可知我在你身旁。

雖然來自遠方，我們有同一夢想。

生命再不一樣，憑着愛自由飛翔。

快來一起前往！

喜樂堅強，使人間變成天堂。

眾所周知，四川的山區素來都是多雲陰雨。成語：「蜀犬吠日」，意思是指四川的太陽很少出現，一旦出現，連狗兒也會對着太陽吠個不停，但感謝上天的眷顧，二〇〇九年七月二十二日上午八時到十時半，滿布密雲的天空竟然出奇地開了一個缺口，我們一眾義工、老師和同學都一起透過望遠鏡投在白紙上的影像，見證了這次天文奇觀。天空最黑暗的剎那，我們一起唱着一首為日食而寫的歌，很希望透過歌詞和孩子們一起立志。

願像太陽

原曲：雲上太陽（讚美之泉敬拜專輯 巫婧茹曲 吳幸龘／巫婧茹詞）

關子凱詞（2009）

太陽給阻擋，大地沒了光，

白天變黑夜，好像失去希望。

願你莫悲傷，要常存盼望，太陽快重現發光芒。

願像太陽，把天空照亮，

帶給人間無限溫暖。

不怕黑暗，不怕冰雪風霜。

生命發熱發光。

所謂「謀事在人，成事在天」，我們縱用心預備，沒有上天的應允，什麼也做不到。在觀看日全食這件小事上，人操控不了，更何況是人生其他景況？人實在很渺小，面對人生的逆境，最寶貴的素質也許只有忍耐，《聖經》很觸動我的心：「患難生忍耐，忍耐生老練，老練生盼望；盼望不至於羞恥。」（羅五 3-5）

中國人以為，大地是我們的母親，但她也會像生病一般劇烈搖晃，帶來災難。我們的身體也一樣，會突然出現各種意外，殺我們一個措手不及。面對巍峨的羣山，廣闊的天地和可敬的人民，我們明白到，人只能謙卑忍耐，但願我們彼此都能以愛相待，常存盼望，深信無論烏雲多陰暗，背後必有璀璨的陽光！

兒子回港後寫了一篇〈四川之旅〉，想不到這趟旅程成為他生命的轉化之旅，在旅程結束之後，他做了一個極重要的決定。

朗曦的回應｜四川之旅

這一次四川之旅，改變了我人生。我第一次實實在在地經歷神，親自感受到神的大能。以前，我只會回顧神對我的恩典，但這次感受的恩典，卻是從未如此真實和震撼！

出發前，我們只有一星期作準備。不少成員工作十分忙碌，我也要準備大學入學面試和測驗，一度擔心時間不夠。但想不到，大家竟在出發前都把所有事情都做好！

大家懷着既緊張又興奮的心情出發，但不知道期待什麼，也不知道自己能為當地人做什麼，只是很想為擂鼓鎮的人出一分力。

第一天到達擂鼓鎮中心小學時，我們只有十五分鐘佈置場地。活動開始前，有四間大學在校內做服務，但在校長的一聲令下，他們都放下了原本的活動。當他們一起唱着主題曲《大地陽光》時，小學生熱烈的反應令人十分感動，而一整天的活動都順利進行。

◇　◇　◇

第二天，我看見了神更多的大能。北川不在全日食帶，最後卻能看見全日食！

當時我只能說，我們看見日食的一小時是上帝的恩典，是神蹟。之後蔡醫生也說：「這就像上帝給我們開了一個天窗一樣，完結了，祂便把窗關上。」幾天後，我們一家上峨眉山。那是成都以南的高山，也是觀日食熱點，與當地的人交談，才知道當天山頂下大雨，一萬多名登山的人都無法看見日食！

◇ ◇ ◇

在「畫出夢想」的活動中，小朋友開心地畫出色彩豐富的圖畫，畫中有彩虹、房子、河流、小鳥，甚至有一組以心心填滿圖畫。當我看着一幅又一幅滿有色彩的圖畫，很難想像他們在之前曾經歷五一二大地震的傷痛。

之後的家訪，我、媽媽和另外兩名中國石油大學的學生，一起去探訪住在板房的居民。兩名本是充當「嚮導」的小妹妹被其他學生拉走，我們沒有人帶領，只得逐家敲門。當地居民都很好客，看見有人探訪，便主動招呼我們。四川口音和普通話可算是兩種不同的語言，聽起來也很吃力，幸得石油大學的文娟替我們翻譯。他們一直說謝謝我們的探望，我不知道能說什麼，只能笑着向他們點點頭。

這次四川之旅，我們看見很多受傷的心靈。他們雖說現在生活供應充足，但每次提起五一二當天的情況，還是忍不住流淚。有一趟家訪，遇見一個小孩，他一直不作聲，也不看義工一眼。後來一問才知道，他爸爸災後深受家園被毀刺激，一時失常殺了他媽媽，再自殺！這些小朋友本是活潑可愛，卻面對着家散人亡的痛苦，心情是難以想像。

最後一天，我們為了戶外的「大匯演」，一早便去全人健康中心準備。我們一直擔心，若然下雨，大匯演就難以舉行。幸好，大匯演進行時天氣很好，也有二百多個居民到場。最感動的是，一個小妹妹一直跟着我們，在大匯演完結時，還是要跟我們玩。她十分可愛，又乖巧，整天不住地笑。

最後我送她離開，陪她走到中心的大門，說了幾句加油的話，抱了她一下便說再見了。看着她離開的瞬間，我想：「就這樣嗎？我是不是從此便再見不到她？」這個念頭停留了很久，當下有點難過，不禁問自己這次來四川是為了什麼？跟孩子玩、逗他們開心？

我一抬起頭，便看見大門上寫的一句話：「有愛有夢想有希望」。我看着，想起這一團的主題「同夢結伴行」。是的，這只是一個開始，我們不是只來一次，就拍拍屁股走人！我們不是幫助他們，而是希望與他們同行，讓他們知道依然有人關心和愛他們。那刻我清楚知道，這次雖是我第一次的四川之旅，但下年，後年或大後年，我還是要回去！

在離開擂鼓鎮時，四川之旅已到了尾聲，但回成都之前，蔡醫生說我們一定要去北川縣城。北川市是位於山谷中的小市鎮，是五一二大地震的重災區之一，三萬多人的縣城剩下一萬多名居民，其他的不是死了，就是找不到屍體。由於位處山區，救援工作十分困難，一些七、八層高的建築物被土石流埋到只得三層。政府決定把北川市封鎖，改建成大型紀念館，供人悼念。

我們走到山上，俯瞰北川市，真實感喚醒了我！當我仔細地看着一座座倒塌的建築物，一個個的廢墟，我真的覺得很可怕。一些當地人在售賣有關五一二地震的 DVD，DVD 機重複播放當日的情景，聽着一次又一次的哭喊聲和慘叫聲，不禁心酸。我很同情這些人，他們經歷過五一二的傷痛，但為了生計，只得在自己的傷口上灑鹽，每天重複觀看自己的傷痛。一個城鎮能在幾分鐘內化為廢墟……究竟人算什麼？看見北川市，我真有哭出來的衝動。

晚上回到成都，我們決定去鄰近的錦里夜遊。我跟爸媽說，我一定會再來。因為在那些小學生歡笑的背後，我看到了很多很多的傷痛。也許我幫不上忙，但我願意給予關心，也願意為神作見證。前路如何，求神帶領。我知道神是至高者，是我腳前的燈。如果能為四川的人付出更多的時間和金錢，我願意從英國回到香港。

感謝神給我這次去四川的機會。

二〇〇九年七月二十九日

2 結他的感動聲

之後兩年，我們一家都分別回到北川擂鼓鎮，探望那邊的居民。擂鼓鎮居民那份艱苦奮鬥的精神，深深地感動着我們一家。四年來，我們很感恩，有這些服侍機會，見證擂鼓鎮的改變、居民艱苦的奮鬥，也見證了災後的重建。擂鼓鎮的街坊都很友善，我們一家和擂鼓鎮一些家庭，甚至成為好朋友，平日互通音訊，見面時甚至可以深入分享人生的體驗，對養育兒女的看法和面對人生抉擇時的價值觀等。

二〇一二年，我們夫婦、兒子與三個大專團契的弟兄姊妹再次到北川。我們頻頻探訪，深入了解居民的現況，帶孩子唱遊、學英文、做手工，也為街坊舉辦健康講座、量血壓等，兒子亦分享他創作的歌曲。結他的旋律響起，兒子的歌聲深深觸動聽眾。

讓我們敬拜祢

關朗曦曲詞（2009）

我那不安的心靈，找不到安寧，
曾離開祢誡命，不配作祢子民。
祢卻安撫我的心，對我沒放棄，
所以我要敬拜祢，高舉祢聖名。

讓我們敬拜祢，興起沉睡的心靈，
我們要高舉祢聖名，用全心全意。
讓我們敬拜祢，從日出直到地極，
祢讓我心靈得安息，榮耀都歸祢。

宣道會廣恩堂 Crossover 團契團歌

關朗曦曲、關子凱詞（2010）

遇困苦跟無常，迷途找不到方向，
從前跌倒過，似放逐的羊。
藉祢恩典翺翔，成為精兵一起上，
來傳播真理，願祢國度擴張。

沿途有主給我力量，賜我勇氣打這仗，
全憑着基督恩手同編織理想。

求神祢興起這異像，賜我奮鬥的方向，

同齊步向前，將我一生獻上。

回到香港後，我們到希伯崙差會的差傳年會分享，講述四年來持續關懷北川擂鼓鎮居民的體驗，以回應當日「使命人生」的主題。我們做的只是微不足道的事，但主卻使用這份心志祝福更多人。

最意想不到的是，這份「川情」讓兒子改變了他人生的路向，從英國回來香港接受大學教育，以便多回北川，繼續以他的歌聲感動那兒的居民。

媽媽的回應｜苦難使人成長

親愛的瑩瑩和曦曦：

蔡醫宣布組隊探訪四川擂鼓鎮小學及當地的災民，大家聽見以後都興致勃勃，我卻不欲參與。我想，探望一下，做一些服務又如何？於他們有幫助嗎？經歷如此大的災難，真的可以因為我們的探望而歡懷嗎？內心一大堆問題，很抗拒。

不想參加，因為知道那不是一次單純的服務，我在逃避神的感動，不想走進哀傷！爸爸和你倆都表示要參加，最終我只好無奈隨行。

兩人一小隊的挨戶探訪，雖然言語溝通不易，卻盡心努力。神讓我們的團隊經歷了不可能的事，在擂鼓鎮中心小學操場，與百多名學生一同觀看日全食。各人守着自己的崗位，投入工作。當我透過照相機觀看現場時，只能以「震撼」兩字形容當下的感受。是的，我們何等渺小，神實在奇妙可畏！

我很激動，也感恩一家有幸一同見證這個奇景，並慶幸自己沒有錯失這次旅程，否則將是一個不能彌補的遺憾！只要我閉上眼睛，那些畫面依然在我腦海中盤旋，歌聲也一直在我的心坎裏迴響！

或許言語的隔閡和人手的短缺，令我們錯失了關懷許多人的機會，但深信我們的神絕不會遺漏，因祂愛地上的每一個人。大匯演的那天，許多街坊都來了，彼此手拉着手，當中流露着愛。我肯定的是：神在四川，祂使愛在擂鼓鎮流動。

服務完了，各人又回到自己的生活軌跡，究竟我們還會惦記着他們嗎？我們還有機會再次到訪該地嗎？但願這不是一時衝動，讓我們記住每雙握過的手。願我們不會忘記這份感動，求神繼續感動我們的心！

瑩瑩，看見你和國內的孩子相處得這麼好，深信父神必會繼續祝福你所學的，成為更多孩子的祝福。曦曦，你在四川之旅後被神感動，浸大視覺藝術院及時的取錄更印證了父神的帶領，願祂親自帥領你回港升學的道路。

說不出的感恩。

愛你們的媽媽

寫於四川行之後

分岔路上的抉擇

I 公開試的挑戰與過渡

兒子初到英國，校方為他做英文閱讀評估，以此作為基線，每季再測量和評估其學習進度。起初，兒子的英語閱讀能力只有本地生第七年的水平，但經過學校的專業調校，終能進步至同齡學生的平均水平，加上兒子頗能和當地同學相處，對他的語文發展也很有幫助。

每一次收到兒子的成績單時，我們都很感動。看得出每一位老師都很用心撰寫兒子的進度評語，對學生都有獨特而貼切的理解。

兒子入學以來，成績一直都不錯。不過，無論校內的成績有多好，倘若在公開考試的成績未如理想，升學的道路依然是不樂觀的。不知不覺間，兒子要考 GCSE。英國教育當局容許讀寫障礙的學生，比正常學生多 25% 的答題時間，部分較為嚴重的同學則可得到代讀題目（reader）或代寫答案（writer）的調適。由於兒子的情況不算最嚴重的級別，所以獲許額外的 25% 答題時間。結果，他在成績上取得一個突破，兩科考得 A*，兩科取得 A。這個公開試的成績，證明他有足夠能力，在其他中學升讀預科。這所學校的老師對有特殊需要的學生經常給予個別的指導，反觀一般中六學校都不會有這種支援。權衡利害之後，我們決定讓兒子原校升讀中六。

進入中六階段，校方和同區另一所中學合作，部分的課堂轉到該校上，同學有較多彈性，選擇不同的學科，也可以幫助學生適應主流中學的教學模式。

最初，兒子選了地理、生物、美術和攝影四科。生物科的生字較多，對兒子來説，比較吃力，升上中七就決定不再修讀。不過，兒子在美術科和攝影科都有極之優異的發揮。他的作品獲校方送往參加當地的美術比賽，屢奪獎項。英國 A-Level 的美術科對學生的要求很高，不單要求有好的技巧，亦經常要學生詳細解釋自己的創作理念，闡述創作的過程及當中的反復實驗和反省，頗能訓練學生的創意。學校有充裕的攝影資源，教導活潑，兒子由此打下堅實的攝影理論基礎。同時，透過參觀活動，兒子的藝術視野擴闊了，對現代殿堂級攝影大師的作品都有基本理解。

在校內，中六同學有更大的自由，有專屬於中六班的宿舍。每星期一天，同學會自己下廚，學習獨立生活。初入學的時候，兒子是校內惟一的香港學生。我們擔心兒子要留在一個相對封閉的鄉村地區，認識的朋友不多，生活較苦悶。不過，學校陸續來了一兩個香港學生，其中一個更是同班的，兒子也結交了一些當地鳥會的外國朋友。而且，老師週末會順道載他一程，到學校附近的觀鳥點，讓兒子在觀鳥和接觸大自然的過程中找到安慰和樂趣。大自然的確能夠醫治苦悶和抑鬱，也是兒子的另類美術和攝影老師。兒子一幅又一幅努力捕捉的雀鳥影像相繼發表，成為兒子藝術作品選輯（art portfolio）的一部分，心中不禁高興。

兒子在英國高考取得美滿的成績，並獲一所美術學院取錄。我們開始苦思，兒子是否繼續在倫敦這個高生活開支的地方求學三年，而對家庭構成更大的經濟壓力。我們同時要兼顧他和姊姊的升學，經濟壓力必然增加，兒子不禁變得猶豫不決。

就兒子的升學問題，我們曾和一些好朋友討論。有些朋友建議兒子先回港升學，比起在英國讀美術大學能早一年畢業，可省下一大筆費用，留待修讀碩士之用；有些則認為在英國讀美術，讓他有更自由的空間，可以擴闊眼界和國外的人際脈絡。

經過了五年的留學生涯，兒子也委實想家。每一次他回港，都參加教會的青年團契，如果回歸香港，他可以加入這個心儀已久的社羣，也容易找到靈性上的同行者。

最終，我們決定以兒子的升學前途為重，義無反顧地支持他。不論回港，或是留英升學，我們為人父母的，只有把決定交給上帝，深信都必定有父神的美意在其中。

朗曦的回應｜迷惘的路口

心情很沉重，不知應該怎樣走下去，也不知自己是否有勇氣走下去。下一步，究竟是不是對？自己的夢想和快樂，為別人帶來壓力，值得嗎？我又怎忍心這樣？是的！夢想快實現了，只差這麼一點！但我要怎樣走下一步呢？要是父母因為我而犧牲健康、生活和面對壓力，我怎樣面對良心的責怪？難道我沒別的路嗎？一心一意要去倫敦的我又猶豫了，只希望神能親自帶路，因為我又看不清了。

我的思想在這一年中，轉了千萬次，下了無數次的決定：想回香港，又想入美術學院，也想去倫敦，猶豫了很久，又再想香港，再下定決心去倫敦……現在又怎樣啦？身邊很多人已肯定去向，自己呢？

不擔心才怪！《聖經》多次教導人孝敬父母，我作為兒子，能白白看着父母為自己而受壓力嗎？如果要我回香港，多等一年我也願意，要不然就 gap year 一年……

前路有誰會不擔心？我只知道神會在我左右。

我又猶豫了，只希望神能……

二〇〇九年五月二十日

媽媽的回應｜兒子，抖擻精神

親愛的兒子：

雖然我們家面對着經濟的壓力，但爸媽仍然願意供給你最好的教育。我明白你懂事，不想爸爸肩頭太沉重，但又渴想到心儀的學府升學，所以一直在這兩難間痛苦掙扎。眼看着你痛苦，令我願意放下堅持，是的，我們是否也如世人一般篤信名校？我相信祂給你是最好、最適合你的大學。祂創造奇妙可畏，回頭看你的成長路，每天都是恩典！

高考可說人生最艱難的路段，你也快要捱過了。神磨練你成為既獨立又有特殊恩賜的青年，祂賜你敏銳的靈、溫柔的心，叫認識你的人都愛惜你。媽媽相信，不管你在哪裏念大學，你的才華也是無法掩蓋的！

希望你戰勝個性的軟弱，不要被眼前的困難困擾，努力專心完成考試，倚靠祂。孩子，記着：環境愈困難，我們愈要抖擻起精神迎戰！相信我們一家同心，困難總會解決。很快我們便一家團聚了，期待把你們擁抱入懷！

愛你的媽媽

2 回歸香港

在報考英國美術大學的同時，兒子也有向本港的美術大專院校，循非聯招的方式叩門。

兒子本來打算在英國繼續升讀美術大學的基礎年，但四川之旅卻成為兒子生命轉化之旅。這個旅程使他看見神的真實，也看到世界的苦難，因而願意以自己的生命和這羣曾面對天災的人同行。兒子隱然感到回香港讀大學，會使他和這羣受災的人較為接近，與其要我們支持他在英國讀大學，他寧可我們花費支援擂鼓鎮的事工。

不久後，他收到香港浸會大學視覺藝術院的取錄通知，兒子欣然應允入讀。於是，事就這樣成了。我們造夢也想不到神竟然透過四川之旅感動兒子，使他在靈性上進一步成長，從而改變了兒子的升學路向。

由負笈英國高中，輾轉回歸香港的大學，這是一個奇妙的歷程，也是兒子努力的成果，當中有數算不盡的恩典。惟有在心中感謝天父和地上眾多仿如雲彩一般環繞我家的天使。

香港的大學大部分科目都以英文教授，對兒子來説很易適應。不過，浸大規定每個學生必須完成大學中文科方可畢業，這要求對兒子來説有點為難。自中三開始，兒子便再沒有接受正規的中文教育。雖然我們一直鼓勵兒子多寫多表達自己，也培養他的閱讀興趣，但他的古文毫無基礎。閱讀方面，根據前文後理的提示，理解能力還可以，只是速度較慢，但他書寫中文的能力很弱，很多簡單的字怎樣都記不住。讀寫障礙似乎對他的中文影響較大，以致他的程度和本港的學生差了一大截。雖然他會寫出如〈四川之行〉這類長篇文章，然而卻是很費勁才能寫出來。常見的中文輸入法，如倉頡，使用者必先在腦海中出現中文的字形方能取碼，對兒子來説，也不容易使用。如果他要寫「潮濕」一詞，先打上「humid」再經網上翻譯器翻譯，才能找到中文字。淺如「雖然」，他也要打「although」，費一番周章才在電腦文書處理器上寫出來！

正當兒子剛被浸大取錄的那段日子，香港的特殊學習障礙協會關注學障學生入讀本港大專院校時，能否得到有關的調適及公平待遇，以致學生能在一個有利學習的環境，減低學習上的困難，不用耗費大量時間應付語文問題，干擾了正常的大學生活及學習本科的時間。對有特殊學習需要的學生作出特別安排，在外國大學是天公地道，存在已久，但在本港則仍在萌芽階段。校方語文中心的主任了解兒子在語文調適的需要後，即時指派了一位老師幫助兒子適應。

校方安排兒子利用普通話的拉丁拼音輸入法來寫中文。基於以前在香港中學的栽培，和對台灣流行歌曲的熱愛，他的普通話説得很不錯，加上他掌握國內流行的拉丁拼音輸入法，所以很容易用鍵盤高速輸入中文。例如鍵入「women」，便轉化成為「我們」等。終於，寫中文不再是一件艱辛的事。

自從兒子掌握了拉丁輸入法，他從以往以英文寫網誌轉為中文。兒子其中一篇讀書報告是〈龍應台——樹是城市的原住民——為香港樹木保護法催生〉，全文約二千多字，運用評判式思考書寫，內容正是他一向關注的課題，難得取得很高的評分。

平日的中文寫作功課可以電腦完成，再用電郵遞交。期中測驗及考試之前，校方也特地為兒子安排一間房間，裏頭有他熟悉的電腦類型及相關的輸入程式。考試前一天，兒子可以回校確定電腦系統是否運作正常，翌日再正式接受考核，加上考核時又容許他有多 25% 的應試時間（兒子不常需要額外的答卷時間），這一系列的調適安排，讓兒子順利通過第一年大學生必修的中國語文考核，順利升上二年級。

我感恩兒子生在這電腦科技發達的年代，讓他藉着科技的協助，輕易跨過大學中文科的關卡。回想起來，兒子回來香港接受大專教育，讓他多接觸中文，於他前途也有幫助。

回想起來，在兒子回港升學的事情上，最初也有點兒忐忑，究竟讓他回來是否明智的決定？但神開的路實在奇妙，從中逐漸看到祂的帶領。懷着一份激動而感恩的心情，他在回港後創作了《永不止息的愛》，作為他對神恩典的回應。這首歌要用激情演繹，就是要把心中所有情感盡情地傾泄出來。

永不止息的愛

關朗曦曲詞（2010）

祢的愛，默默的存在，我卻還不明白，是祢的安排。

祢的愛，是恆久忍耐，候鳥也懂回來 我卻還在徘徊。

我曾經，迷失在，人羣中的風浪，

我難過，祢卻用愛拿去我懦弱。

祢有永不止息的愛，我隨時的依賴。

祢為我承擔，我所有的憂患，

祢有永不止息的愛，是祢讓我勇敢，

醫治我的傷 罪背十架上。

二〇一二年，兒子終於從浸會大學視覺藝術院畢業。

兒子的大學畢業作品，循着家庭照片的路線設計。當先父和先母先後過世，我們家負責保存他們遺留下來的大量照片。修讀攝影專業的兒子突然發覺，爺爺是一個很有水平的攝影師，作品質素很高，連攝影導師也有同感。透過攝影，兒子竟然和逝世十多年的爺爺跨代結連起來，讓他了解爺爺更多。在重新處理爺爺一幀舊照片的過程中，兒子找到新的亮點和創作靈感，他把爺爺的面部每一個小部分分別放大處理，再以拼圖（jigsaw puzzle）

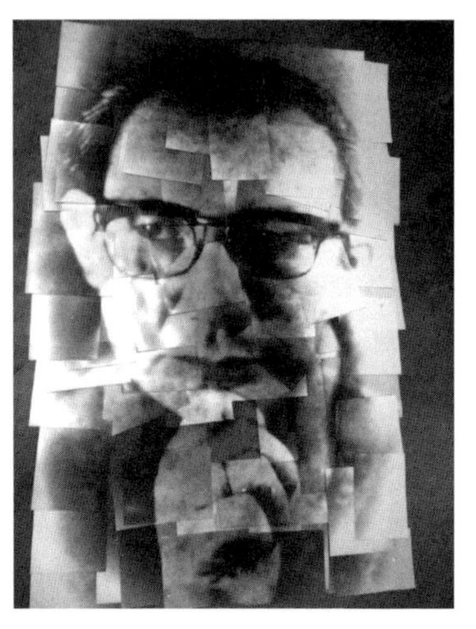

的方式重新接連起來，成為一幅鋪在地上足有成人高度的肖像。看着這幅碩大無比，被兒子重新處理過的圖像，望着先父親切、誠懇又自信的面容，感覺很震撼，至少對我這個兒子，同時是作品創作人父親來説，特別震撼和感動。從自拍中，兒子看見爺爺刻意以戴着婚戒的手托着下巴，放在正中間，從中感受到爺爺是一個很看重家庭與婚姻承諾的人。我看着圖像的時候，不覺熱淚盈眶，這是三代一份深邃的情感。我感謝神讓兒子隔代承傳了我父親的職志，用攝影機捕捉瞬間即逝的影像向世界説話。

朗曦的回應｜面對自己

三年的光陰，就這樣溜走。幾個月前，我仍是覺得學不了多少，可是當在最後關頭，要拿出曾學習的一切時，又發現自己在不知不覺間吸收了很多。說實在，藝術需要用一生去領會，真正熱愛藝術的人，是不會停止的，縱使生命臨終，他仍必須學習，所以，至離開世界的那天，我還是一個藝術學生。這三年，算是一個開始，是藝術創作的開端。這三年最大的學習，莫過於面對藝術時，是需要對自己真誠。藝術可以是一個大騙局——把最虛無飄渺的東西演繹得天花龍鳳，把一切看的人迷住。當你自己也說服不了自己，藝術會變得毫無意義。這個念頭改變了我，令我敢於面對自己最真實的感覺，也令我從創作的瓶頸走了出來。過程中的挫敗、受傷、迷失，一切都令人更明白自己。

當我在黑房曬出爺爺的肖像，才發現我不單在面對他，也同時面對了自己。

二〇一二年五月二十三日

3 恩典中成長

兒子在大學的最後一年，為了畢業作品及畢業展覽忙得不可開交。畢業前幾個月，他發現需要補修通識科，才達到校方的畢業要求。他選了「廣東音樂」的課程，這一科一向都以多項選擇題的方式考核，豈料期終考試時，校方突然在短時間內改以手寫中文作答。兒子向來以電腦應考中文試卷，一旦採用手寫，結果是災難性的，考核結果一如預期的不及格。兒子半開玩笑地說，他可能因此無法畢業。幸好後來他向校方爭取，校方准許他在同科餘下的試卷中以英文作答。終於，取得及格的分數，順利畢業。

兒子的情況，說明了一個道理：不要強調孩子不行的地方，反而鼓勵他們繞過自己不足之處，發揮所長。與其要孩子花上大量時間來克服一些他們本質上難以克服的困難，不如接受他們的不足，讓他們繞過這些較低層次的困難，直接在思維及創意的世界中飛翔，如是者，他們才能飛得更高，去得更遠。

直到今天，若抽問兒子乘數表，他偶爾也可能會給了錯誤的答案，但在電子計算機普及的年代，這不會影響他的日常生活及求學。最重要的基礎學習能力，是能夠掌握基本的數字概念，了解語言及思維的邏輯性，達致一定水平的閱讀能力，清楚表達自己，和掌握一定電腦技巧。如果要求他不惜一切代價去掌握手寫中文的能力，只會扼殺他的創意和學習動機，就像電影《勝利人生》（*The Hammer*）中的主角，是一個天生聽障的孩子，但他的公公沒有把他送入聽障學校，也不准他學手語，只要他學唇語。結果，他在成長過程中走了不少冤枉路，直至入讀大學後才補學手語，終能和其他聽障人士，當中包括後來成為他太太的女生，作深度的溝通。

回顧兒子這十年來的成長，盡是恩典。當年給予他很大幫助的英國學校，已轉型為一所主力幫助自閉症學童的中學，老師大部分已轉職或退休；今天，非聯招的入學條件愈來愈高，本地學制又改變，文憑試強調兩文三語和數學的成績。兒子從前走過的路，今天好像已經不通行。腦海中常常有一個影像，兒子彷彿是無數和探險或歷奇有關的電影中的主角，一旦走過懸崖峭壁與及洶湧激流之上的破木橋，甫達彼岸，橋就斷了！

今年，我們看見很多學障學生在文憑試非語文科取得優異成績，可惜因語文科失利，以致不能進入大學。然而，以我對學障學生的理解，再加上現今先進國家對待他們的經驗，要求他們在一種語文達致一定水平，而放寬對第二種語文的要求，似乎是比較合理的處理方式。無疑，身處香港，對兩文三語的能力有一定的要求，但給予讀寫障礙學生一點兒寬容與調適，絕對是合情合理的。深盼政府在政策上給這類學童多一點體諒和寬容，讓這羣充滿創意和天分的青年人有機會接受高等教育，但願今後有更多橋樑，容讓我們的下一代以不同的方式，走過學習的關口，抵達成長的彼岸。

寫給為人父母

不要強調孩子不行的地方，反要鼓勵他們繞過自己不足之處，發揮所長。與其要孩子花上大量時間來克服一些他們本質上難以克服的困難，不如接受他們的不足，讓他們繞過這些較低層次的困難，直接在自己擅長的世界中飛翔，他們才能飛得更高，去得更遠。

朗曦的回應｜不後悔的選擇

是時候做年終回顧了！二〇〇九年對我來說很特別。這一年，我經歷了很多，自己也數不完，也有很多令我「嘩」一聲的恩典；這一年，也是我人生的一個轉捩點，新的一頁。

一年多前的暑假，我第一次踏足香港浸會大學的視覺藝術院。還記得那時我看了他們 Year 3 的 'End of Year Show'。那時候，我對媽媽說：「校園是小了點，不過環境不錯，空間很足夠！London（指 Central Saint Martins 美術學院的校園）可能也沒有這麼寧靜。」

雖然報了浸會大學和城市大學，但我真的沒想過回香港讀大學，純粹「為報而報」。Central Saint Martins 的 Unconditional Offer 本來令我決心去 London 讀書，學位已經留了，宿舍也安排了。

誰知道，一次四川之旅改變了這一切。神的恩典令我不能忽視祂在四川的工作，當地的小孩深深感動了我。我當時心中想着，「如果香港其中一間大學願意收我，我可以多一點心力服務四川的小朋友，我也許會願意回去！」不過，這只是一個念頭。沒想到，一晚之後，在四川峨眉山的第一天，我收到了浸會大學的 email。

我不懂得形容當時的感覺，只聽到腦裏有一把小小的聲音，對我說：「回來吧！」就這樣，我去了面試。當時的我掙扎是否應該回港，我是個很怕突然改變的人，決定了的事情，很少會改變。無疑，回來香港升學在環境、學業和朋友方面，都是一個很大的轉變！

不過，在很多意見和掙扎中，我選擇聆聽心裏的聲音。雖然不確定，但我沒有徬徨，心裏很平安，我只知道我應該回來。我不知道是為了什麼，但肯定神有祂的意思。身邊很多人都不能明白我的決定，就連自己也曾多次懷疑。為了一把自己也聽得不清不楚的聲音，放棄去 Saint Martins 讀美術的機會，值得嗎？

之後，我很順利地入讀浸大。記得第一天上課是早上八時半的歷史課，進到課室的時候，我還不敢相信回來了，心裏還想：「現在回頭還可以，London 的學位還在，我還可以反悔！」

就這樣踏進了大學生活，我沒有去 O-Camp，什麼人也不認識，但感覺同學們已經彼此認識。我對新環境一直很擔心，不知道香港的學生生活是怎樣，離開了香港五年，會不會與這裏的文化十分脫節？

不過，擔心歸擔心，沒有一件事情真的發生。本來以為要幾個月才能適應香港的節奏，結果兩星期後就漸漸適應了，甚至開始享受現在的生活，沒有一天是不想回學校的……

沒想過，在香港短短一個學期，比起在英國的五年還要充實和開心。在英國，我學習獨立、如何與自己相處、做人的道理、信仰的定位，還有面對自己讀寫障礙的問題。如果我沒有去英國，不知道現在會變成怎樣，It made me who I am。但是，那時候我很不開心，找不到和我同行的同伴，對英國也沒半點歸屬感，總是覺得自己格格不入，幸好的是有 Taunton 教會的朋友！

我喜歡現在的生活，結交了一班要好的同學。由小到大，我都缺乏自信，很在意別人對我的看法，覺得自己不受歡迎。但在這裏，他們接納了真正的我，我真的真的真的很開心認識到他們！

讓我的生活變得更充實，當然少不了教會。在英國的時候，我只能夠每兩、三星期上一次教會；現在，我卻每星期回教會兩次！星期六晚的聚會成了我的精神支柱，我真的感謝教會的每一位，有你們真好！

我從沒有後悔回香港，回來以後，反而得到了更多。

「祢的恩典，夠我用的」這句歌詞很真實，祢的恩典，超過我的所想所求。最後，我還是要說：「未來的路很長，也不容易走，不過有祢我真的什麼都不用怕。」

二〇〇九年十二月十二日

4 感恩的回顧

音樂創作需要時間和空間。在兒子最後一年大學生涯，他忙得連睡覺的時間也不足夠，遑論音樂創作。有一陣子沒有聽過兒子拿起結他自彈自唱，很想聽到兒子的歌聲。去年家人替我慶祝生日的晚上，終於找到一個藉口請兒子為我獻唱一曲，唱了由他作曲填詞的《木棉》。這是一首講述懷念的歌，也是一首具感染力的作品，有一次兒子在聚會中獻唱這歌，有兩位男士都不約而同地落淚。

木棉

關朗曦曲詞（2010）

看盛開的木棉，今天還像是昨天

紅色襯托着藍天，天際的無邊

回憶重播好幾遍承諾過的冒險

其實最想回到你身邊

少年時的許願，怎麼還沒有實現

木棉花當作紀念，春天的歲月

回憶重播好幾遍承諾過的冒險

其實最想回到你身邊

木棉花泛紅了春天

花落代表我的思念

木棉花再開又是新一年

請讓我閉上眼

兒子很用心地演繹這首歌，情感很細膩，他一邊唱，我一邊為他健康成長，並能發掘到自己的天分潛能而感恩。聽着聽着想起已過身的父母親，勾起無盡思念之情。想起他們一疊疊的家書，一幀幀的舊相片，還有多年來兒女在外的思念，我的視線就不期然被感動的淚水弄得模糊起來。

兒子在大學畢業禮的那天，穿着學士袍、帶着四方帽，英姿颯颯地和我們合照。他在通識科中失手，差點不及格而無法畢業，幸好只是虛驚一場。三年以來，他的成績不錯，獲頒學術成就獎和視覺藝術院傑出學生獎。兒子在大學會堂的台上領取獎項的時候，我緊握內子的手，臉上一起流着歡欣的眼淚，內心激動不已，不期然回想起兒子童年時的一個感歎：「為什麼我的好朋友總是有機會在台上領獎，但永遠都沒有我的份兒？」內子總是溫柔地安慰他，鼓勵他好好努力，不要放棄。想不到，兒子終在大學畢業典禮上，一嘗童年的夙願。內子當日的靈修經文，剛好是〈詩篇〉一二六篇五至六節：「流淚撒種的，必歡呼收割！那帶種流淚出去的，必要歡歡樂樂地帶禾捆回來！」我們的父神，實在是垂聽禱告的主。昔日剛愎自用，苦了自己也傷了家人，也曾信心不足，擔心失望，祂卻顧念我們家，用無盡的包容和忍耐，引導我們走出憂鬱絕望的陰霾，重見雨後的彩虹，終能一家屬祂，

活出祂喜悅的生命。

想着想着，主原來讓我們經歷了很多，也為我們輕拭臉上歡欣的眼淚。將來我們在天家本應如《聖經．啟示錄》所言，沒有眼淚才對。但我想：倘若是歡欣的眼淚，則可算是例外吧！

朗曦的回應｜除了感恩，還能有什麼？

長久以來，我認為自己並不完美。很多事情都是馬馬虎虎地混過，尤其是讀書。曾經有人說我是沒有希望的。我吃慣了「零雞蛋」，被人嘲笑、作弄，是同學間的笑柄。我沒有自信，害怕任何「出風頭」的機會，只會乖乖呆在角落，別讓人留意到就好了。那是我小時候的願望。

長大了，經歷過離家、抉擇、無數次失敗後，終於，來到了這一天。我竟然完成大學，我覺得這是神蹟。十年前，我沒有想像過自己能夠大學畢業，更沒有想過，在畢業前夕，收到大學的來信，通知我獲得兩個獎項。這一切都是我萬萬沒有想過的，真的沒有。

我沒法想像未來是怎樣，走藝術的路會不會「成功」？這一切還在未知的將來。不過，這時刻，除了感恩和讚歎，沒有什麼可以形容我的心情。神把我救出來，回復我的自信，讓我知道自己可以放心去闖。真正的勝利，不是自己作戰得來的，是靠着上帝的恩典和慈愛，我們才活到今天。除了感恩，我沒有什麼可說了。

二〇一二年十一月二日大學畢業禮前夕

朗曦

從大自然領悟智慧

I 木玫瑰的祝福

眨眼間，我和內子結婚超過二十五年了。二〇一〇年，我倆慶祝銀婚紀念，並寫了一封給天父的信表達我們的感恩。

親愛的天父：

感謝祢，讓我們夫婦倆可以在二十五年前結合，組織一個美滿家庭。

感謝祢，讓我們夫婦倆在二十二年前，能在一天之內相繼決志信主，並在一九九〇年九月九日一起受洗歸入祢名下，並先後在宣道會沙田堂及廣恩堂受造就、栽培，成為祢的門徒。祢更賜下牧者、生命師傅和主內肢體，陪伴我們同行、引導我們成長，使我們在原生家庭中引領其他家人歸祢。

感謝祢，讓愫瑩及朗曦先後加入我們的家，又賜下親子會成為我家的祝福，使我們在祢豐盛的恩典中，學習養兒育女，經歷豐盛人生。

感謝祢，賜我們美好的家園，讓我們的孩子能在一個接近大自然的簡樸環境中健康成長。神祢量給我們的地界何等美好。

感謝祢，賜給我們一家共同的信仰和興趣，不論是對大自然的喜愛，對文化藝術的熱衷，還是對侍奉的承擔。更感謝祢賜給我們一家人和睦親密、坦誠互愛的關係，可以成為其他家庭的祝福。

感謝祢，我家的孩子雖然在求學上，經歷各種困難和挑戰，但恩典夠用，祢使他們不論在香港或是在英國，都有機會得到良好的栽培。祢賜下良師益友、更賜下主內肢體，好像雲彩一般環繞他們，讓他們親歷祢的信實與大能，以致他們都能重生得救，在二〇〇七年一起受洗歸入教會，成為美好的見證。祢使他們發奮求學，取得良好的成績，既願意服侍祢，也願意在信仰和屬靈生命上追求成長。

感謝祢，讓我們都有健壯的身心，可以在不同的崗位工作、學習和侍奉。祢讓子凱在專業上成為病人和同工的祝福。我們一家在最困難的日子總不缺乏，在生活及工作壓力最重的時候也總不徬徨，神祢的供應是何等奇妙何等信實！祢又讓我們在教會、親子會、健康家庭及生活文化的推廣上有份，成為多人的祝福。又讓我們可以終身學習，在神學及祢的話語上繼續謙卑地受造就，更體會神祢的豐盛是何等的長闊高深。

感謝祢，赦免我倆的罪，讓我倆看見彼此的不足和破碎，我們何等不配，祢也接納我們成為祢的兒女，讓我們一家歸祢，成就祢的救恩。感謝祢，祢是那位配得國度、權柄、榮耀、直到永遠的主，也是我家的主。感恩祈禱，奉主耶穌基督的名求，阿們。

子凱、少芬謹誌

二〇一〇年銀婚紀念

教會小組也與我們一起慶祝這個時刻。我沒有什麼名貴的禮物送給內子，只有向她獻唱一首我在二十周年結婚紀念時給她寫的歌。

木玫瑰

譜寄黃自〈玫瑰三願〉

關子凱詞（2005）

木玫瑰，木玫瑰，象徵我倆愛情寶貴

木玫瑰，木玫瑰，見證着神偉大的恩惠

願我倆攜手同心奔天路不累

願我倆同偕白首相愛永依偎

願我倆輕拭臉上歡欣的眼淚

地老天荒也相隨

我和內子慶祝銀婚紀念，遠早於結婚周年紀念日就開始了。木玫瑰是我倆的定情信物，能夠用木玫瑰向內子表達愛意，我深以為榮。木玫瑰那種樸素、真實、無刺、彼此親密地互相纏繞並擁有再生能力的素質，令我傾倒。但正如我在《子鳥深情》〈木玫瑰長了刺〉一章中所言，人是軟弱的，基於我們的罪性，在遭遇患難的時候，縱有木玫瑰的精神仍然會彼此傷害。是以我更堅信，人需要上主的救贖，讓我們放下自我，讓基督的寶血洗滌我們的罪，木玫瑰的精神才能真正發揚光大。

過了十多年，我對木玫瑰有了新的認知。從互聯網上，我找到很多與木玫瑰有關的資訊，發現自己先前對木玫瑰的理解是有偏差的。木玫瑰的學名叫 Merremia Tuberosa，英文俗稱 Woodrose，和牽牛花同屬旋花科的熱帶常綠性草質藤本花卉攀藤植物，原生於熱帶的南美洲。由於其生命力和適應力強，經常被引進到世界各地，廣為園藝者所喜愛。其葉呈手掌狀，裂片七枚，花朵是鮮黃色，貌似漏斗形的牽牛花。在北半球，花開於十一月，然後結果，果實如雞蛋般大小，初時呈球狀的蒴果，後來裂開成玫瑰狀，有五瓣，內藏數粒有如蠶豆般大的種子。原來我一直都錯誤地認為木玫瑰是花，原來它是果實！木玫瑰不是一朵不容易凋謝的花，反之，它所引申的種種素質，都像是屬靈生命結出的果。人生中我們對很多事物都有先入為主的偏見，引致認知上的偏差，有時我們甚至要用上超過一代人的時間，才能糾正那些錯誤。

我從互聯網上找到台灣苗栗南庄有一處木玫瑰民宿，主人是一對退休美術老師江老師和江師母，因為對木玫瑰產生了濃厚的興趣，索性就經營起一個種滿木玫瑰的民宿山莊。我們決定和另外一對友好夫婦一同造訪，能在我們夫婦銀婚的年頭來到這長滿木玫瑰的山莊，實在挺有意思！

在充滿大自然氣息及藝術文化的氛圍下，看見久違的野生木玫瑰，生意盎然的掛在嫩枝上，在春雨中淌着晶瑩的水珠，更是叫我們深受感動！入夜，草叢中，小溪旁點點螢光，叫人驚歎造物的奇妙，浪漫得使我們心醉！屋內，滿室的木玫瑰擺設，流露出民宿主人對木玫瑰的喜愛和那無盡的創意。

我曾問過江師母，有否保存了一朵她認為形態最美麗的木玫瑰。豈料她回答我説，最好的不必留給自己，和人分享好了。

她這句話教我印象極為深刻，與其擁有，不如與人分享，正是有容乃大，無欲則剛的最佳寫照。江老師談木玫瑰，也增進了我的知識。木玫瑰有性別之分，雄花不結果，只有雌花結果，是以花開不一定結果，亦見證了人生的無常，謀事在人，成事在天的道理。枝末的果比近主幹一端的果早開，使我聯想到我家孩子離家較遠，反而加快獨立成長的玄機。原來，大自然到處都蘊含生命的智慧，等待我們張開心靈的眼睛發掘、感受而矣。

感謝天父，讓我和內子可以在相隔三十年後，能從另一個角度去欣賞和理解木玫瑰，實在是上天給我家一份屬天的祝福。

2 向海燕學習

二〇一〇年七月，女兒在英國大學畢業，我們舉家去了蘇格蘭以北的瑟得蘭羣島旅行。島上既有文化古蹟，亦有壯麗的大自然生態，是一處好地方。

Mousa Island 是瑟得蘭羣島中一個較小的島，島上有一處用一塊塊沉積岩砌成的圓柱狀古蹟，名叫 Mousa Broch，是遠古人類留下的珍貴文化遺產。在日間觀看，只是一座平凡的古建築物，形態像核電廠收藏反應堆的三合土巨塔，毫無生機。一到午夜，大羣海燕從遠處的海洋飛回來，就會發現沉積岩下原來住滿海燕和其幼鳥。雄鳥和雌鳥日間輪流出外覓食，午夜就把食物送回來給伴侶和幼鳥。當我和兒子午夜時份再次造訪日間曾來過的 Mousa Broch，目睹大量海燕飛回這個石塔，與家眷會合時，我們被這個大自然奇觀大大地震撼，驚歎大自然造物之奇。此刻，腦際響起一首大學年代已學會的歌曲《海燕之歌》。我激動地流着淚，在這個位近北極圈瑟克蘭羣島仍帶着微弱陽光的午夜，向我的孩子唱出這首歌，驚歎歌詞中描述的海燕，居然今天在現實中以如斯震撼的方式，給我演繹歌曲背後的精神。

海燕之歌

朱楓詞、于粦曲（電影《海燕》插曲）

我們是青春的海燕

來自那社會的四方

不怕黑夜茫茫

不怕路途遙長

我們有個明確的方向

不怕黑夜茫茫

不怕路途遙長

我們喚醒人們的希望

大地是我們的舞臺

生活是藝術的海洋

我們是勇敢的海燕

在天空自由地飛翔

不怕風雪嚴霜

不怕驚濤駭浪

我們有個遠大的理想

不怕風雪嚴霜

不怕驚濤駭浪

我們為那黎明歌唱

大地是我們的舞臺

生活是藝術的海洋

我和內子每天都按「麥氏一年讀經計劃」(M'Cheyne One Year Bible Reading Plan)來讀《聖經》，當天讀到的經文是：「空中的鸛鳥知道來去的定期；斑鳩燕子與白鶴也守候當來的時令；我的百姓卻不知道耶和華的法則。」(耶八7)是的，這些海燕，每晚按牠們守候的時令，從外海飛回岩石下的鳥巢，與其配偶合力餔飼幼鳥，不就是耶利米先知描述的鳥類特性？鳥類尚且忠心定期地守候時令，作為萬物之靈的人類卻不認識造物主的法則，這又是多麼大的諷刺呢！人類豈不更應該謙卑地向鳥類學習嗎？此刻，神彷彿透過海燕的習性，向孩子啟迪祂的智慧和法則。二十多年過去，足足一代人的時間，讓這個美好的信息，從我這一代人傳給下一代。

回到香港，在兒子二十歲生日那天，我用他譜的曲，寫了一首歌《願像海燕》。憑歌寄意，描述海燕那份堅毅的情懷，並藉此獻上我的領受及對兒子的祝福。

願像海燕

關朗曦曲、關子凱詞（2010）

獻給朗曦，願這首歌成為你的祝福，願主加給你力量，讓你也效法海燕，打好你人生的仗！

結伴去越過海洋
那懼怕遇上風霜
訣別寂寞與淒涼
沿途共勉互欣賞
那懼怕萬里汪洋
那懼駭浪作囂張
要像往日彼得跟主上
無懼履海主知我本相

分享生命盡責又善良
承擔守信知方向
如海心意願意無私奉上
望海燕翱翔深得我景仰
像海燕翱翔打好我的仗

回想二十多年前，一朵木玫瑰給予我有關愛情的啟迪，想不到在我們夫婦結婚踏入銀婚紀念的年頭，神給我家帶來了另一個寶貴的啟迪。

寫給
與子女同跑
障礙賽的你

我嘗試從個人經驗出發，分享如何與孩子跨過成長的困難，及如何教導及關愛孩子。正如美國教育家 Parker Palmer 在 *To Know as We Are Known* 所言，「教導乃是創造一個讓孩子能服膺真理的空間。」（To teach is to create a space in which obedience to truth is practiced.）青少年實在需要更多的空間才能有好的成長。

論空間

當今世代，很多父母都強調培養孩子的多元智能，要求孩子同時學習多種技藝，把活動時間表擠得滿滿的。我家孩子學習的項目不多，兒子沒有學樂器及運動，這反而使他有很多空閒時間塗鴉、到公園觀看昆蟲，或和我一起去郊外觀鳥等。倘若給孩子編時間表，儘可能留一些時間給他休息、鬆弛，甚至自由發揮創意。兒子創意最旺盛是在英國空閒的時候，結他也是那時透過網上自學而成，連作曲填詞的能力也是那時醞釀。

居住的空間不需要太大，相比之下，居住環境更為重要。住近大自然，讓他自由地在戶外探索，學會欣賞造物者奇妙的創造，當然是最理想，但在香港卻難以找得這些地方。若是家中能有一扇小窗戶，得以望見街外的綠色植物，對孩子來説，已經算是不錯。

外在環境未必能隨心選擇，家居設計則完全自主，可以花點心思，如多放置一些人文地理、文學藝術一類的讀物，增進孩子對文化知識的體會。我在家中擺放不少《國家地理雜誌》和《亞洲週刊》，收費電視中也訂購了《國家地理》及 Discovery Channel，為的就是給孩子營造一個能夠豐富他們文化知識的空間。

論獨特經歷

一位弟兄曾送我一本 E. James Wilder 的 *Rite of Passage*，內容講述一對父子在野外共度一次長假期。他們討論多個有關男兒成長的課題，包括對性愛的態度及男子漢應有的素質。我曾多次與兒子一起外遊，在旅途上分享了不同方面的看法，如戀愛、召命及信仰等。在他剛去英國讀書前，我跟他一起去了南部的 Land's End 旅行和探訪教會。那是一趟生命轉化之旅，兒子從中得知自己的身分，明白神的預備，也見到主內弟兄的生命見證，鞏固了他對人生的信念，裝備他面對未來的試探和考驗。

其實往什麼地方遊歷並不重要，旅遊不一定要出國，也不一定要安排一次悠長假期。只要透過或長或短的相聚，營造親子共處的親密空間，築成一個深入溝通的平台，便能達致理想的效果。

論說話技巧

高偉雄先生在《有傷害，沒傷痕》的〈金蘋果銀網子——說話的技巧〉中，談及說話的技巧，他提出了「金蘋果銀網子」原則，重點是：「少批評，多鼓勵；少抱怨，多尊重；少命令，多商量。」在和青少年子女溝通方面，這是一個很有參考價值的的原則，特別是面對有學習障礙的孩子，他們特別需要鼓勵，讓他們的潛能得以發揮。

回想起來，我家一向重視深入溝通。我和兒子的共同興趣就是觀鳥和填詞，我們不是彼此的老師，我也不會以為父的身分，從上而下指指點點，一直都是有商有量；所以，吵架是我們絕少使用的溝通方式。

我在《子鳥深情》中提過，如何看待孩子所作的文章，我不太着意批評兒子個別的文法錯誤，但欣賞他整篇文章的思維和布局，並鼓勵他多些創作，多看多寫。少抱怨、多尊重也是一項很重要的原則，有助建立孩子的自尊心及自信心。

記得兒子幾年前買電腦時，獲贈一部 iPod。公司提供免費在機面刻上自選的句子的服務，兒子刻了他名字的簡寫和以下幾個英文字：DYSLEXIC AND PROUD。我很欣慰，兒子為自己有讀寫障礙的特質而感到驕傲，可見他回復自信，不再介懷自己的缺陷，反而更肯定這是 Specific Learning Difference（特殊學習差異），而非 Specific Learning Disabilities（特殊學習障礙）。

論成長的儀式

我家非常注重孩子成長的儀式。在兒子和女兒出外留學前，都特意安排差遣禮，讓他們知道自己是帶着祝福和叮嚀出國的，是一個被愛的人。這好比武士被冊封的儀式，從今以後，孩子明白到，自己是一個對自己、對家庭、對社羣和對神負責的人。一個認清自己身分的人，在面對成長期諸多的引誘時，比較能自知，明白到什麼不可做，什麼應該做。換句話，這就是我的好朋友國偉弟兄給兒子的叮嚀：「要出要入」。

論體能操練

與兒子參與馬拉松訓練是基於一個願望，希望感召孩子面對挑戰，加強他的正向思維與抗逆能力。我深信身體的鍛練也有助於心智、心靈以及靈性的成長，對成長中的青年有極寶貴的轉化作用。我很感恩兒子在英國高中階段，接受了很好的體能操練，諸如在雪地上跑步、恆常的球類運動訓練、長期的心肺功能訓練等，讓他的體格變得強壯，鍛練出比較刻苦耐勞的能力，也磨練了他的心志。雖然兒子曾經歷運動創傷，甚至骨折，吃了不少苦頭，但回顧起來，這也是恩典，兒子因而變得更堅強更勇敢。

論獨處

在外國留學，給了兒子和女兒大量獨處的機會，特別是兒子，就讀的學校極為偏遠，獨處的時間特別多。雖然獨處不免孤單，但帶來的好處卻是巨大的。我曾問兒子是否喜歡音樂，他也坦言音樂是他解悶的良方，小學時卻一直不能掌握五線譜，甚至被音樂老師視作「音盲」。身邊的朋友寥寥可數，家人又在遠方時，似乎就有一種創意，催使他用各種方式表達自己，音樂就是其中一種方式。在英國的獨處生活，孕育出他對音樂的靈感與創意。尤其當他置身於美麗的大自然中，體會那份寧靜的氛圍時，創作的靈感便自然湧現。在短時間之內，兒子自學了結他彈奏的基本技巧，大量的旋律自然而然地從他的腦袋中飄出，他先譜上結他的和弦，再填上歌詞，並把主旋律唱出來，就這樣創作出一首又一首歌曲。據説同有學障的歌手盧冠廷先生，也是先在心中哼出一段曲調，再由其他人譜上歌詞。其實是否懂得五線譜，不是創作音樂的關鍵，關鍵反而是內心有否一份創意，而創意源自獨處。兒子初期不少作品都很幼嫩，後來他的作品漸漸變得成熟，當中不乏動聽和感人的作品。

另外，獨處亦幫助年輕人更接近神。無奈的是，香港的生活步伐太緊張，經常要面對太多人和事，不利於發揮創意，也讓我們無法安靜自己的心，與神相見。也許我們這一代人實在太害怕孤獨，不自覺地忽略了獨處的好處。

論禱告

我深信我們的主是昔在今在以後永在的全能主，也是垂聽禱告的神。孩子的成長，需要有主同工，父母也少不了每天為他們禱告。為了回應我先前提過那個「金蘋果」的原則，我和內子縱使有時看到孩子有不合我們心意的地方，也選擇不作太多的批評，反而把我們的心願放在禱告中。我家孩子的成長，見證了神奇妙的作為；神恰切地回應了我們的禱告，結果往往超過我們所想所求的。〈腓立比書〉四章六至七節：「應當一無掛慮，只要凡事藉着禱告、祈求、和感謝，將你們所要的告訴神。神所賜，出人意外的平安，必在基督耶穌裏保守你們的心懷意念。」

論親密關係

「有愛才有管教的權柄」是內子經常提及的一句話。眼見不少家長，在兒女的小學階段都挖空心思為兒女補習功課，嚴厲地督促子女溫習，卻犧牲了和兒女建立親密關係的機會。倘若迎接孩子回家的說話是「今天在學校裏過得怎樣？」或是「你看來很開心，可否講多一些給媽咪聽聽？」總比起「你溫習了中文測驗沒有？你做完功課沒有？」來得親切。我曾見不少家庭在小學階段把兒女管得很嚴，兒女升上中學便反叛，不再聽父母的話，成績也自中學開始急劇下滑。家庭應該是一處讓人休息和放鬆的地方，父母倘能和孩子保持一個親密信任的關係，孩子才會繼續「聽你枝笛」，家長才能繼續保有管教的權柄。

論社羣

羣體的力量是巨大的，我們的信仰也要在羣體中才能充分彰顯出來。孩子出國留學前的差遣禮，正正說明了羣體在孩子成長中的重要性。孩子在國外時，也要找一個屬靈羣體照顧和守望他，這是非常重要，重要性不亞於為孩子選一所合適的學校。我們往往只着眼於孩子學校的排名，但忽略了屬靈羣體的重要性。感謝主，當我在惆悵如何能為孩子在人地生疏的英國，找支持他的屬靈羣體時，祂給我們家開路，讓我家兩個孩子都得到英國一個屬靈羣體的照顧，幫助他們靈性的成長。

論表達

人與人的溝通，有時候需要一些熱身時間才能進入正題或開始放鬆，到達暢所欲言的階段。如何表達內心的深層感受，對維繫彼此的感情有莫大的重要性。我總覺得，文字是很好的媒介，書寫的人必須先把內心的思緒沉澱、過濾和整理，然後才能寫出來。這個過程幫助雙方更清楚自己希望表達什麼，也讓對方有空間明白。文字，可以是手寫的信件，也可以是私密的電郵，但絕不可以是以片言隻語作為表達方式的 facebook 或 WhatsApp。

回想起來，善於表達內心感受是我們一家人的強項，也是上天給我們的恩賜。每當我重讀過去的家書、電郵或孩子寫過的文字，自有一番深邃的感動。我也誠摯地向各父母推薦，多採用這方式作為親子溝通的媒介，盼望可以成為大家的祝福。

透過回顧我家孩子過去十年成長期中所經歷的人和事，我嘗試創作兩個和青少年成長有關的助記字詞：MNEMONICS，說明青少年成長需要的素質。無獨有偶，兩個詞都與空間 SPACE 有關。

第一個 SPACE		
Space	空間	給孩子提供適當的物理空間、閒暇空檔、親近大自然和汲取文化知識的機會。
Passage	特別經歷	嘗試籌劃一些生命轉化之旅。
Apple	説話技巧	「一句話説得合宜，就如金蘋果在銀網子裏。」（箴二十五 11） 少批評，多鼓勵；少抱怨，多尊重；少命令，多商量。
Ceremony	成長的儀式	階段性的慶祝，讓孩子銘記於心。
Exercise	體能操練	一起進行運動，不要忽略體能鍛練對心性、知性和靈性的進益。
第二個 SPACE		
Solitude	獨處	鼓勵孩子獨立，提供獨處、安靜的機會。
Prayer	禱告	祂活着，祂不打盹，也不睡覺。藉禱告與神同工，相信神會有奇妙的作為轉化生命。不要沉不住氣，説了不該説的話破壞彼此的關係。
Affection	親密關係	有愛才有管教的權柄，學習和孩子保持親密關係。
Community	社羣	透過教會、小組去守望彼此的孩子。
Expression	表達	有智慧地以多種途徑和形式來表達關心，不單講，更要寫，也要活出來。把經過沉澱的思考，整理好再表達出來。

後記與鳴謝

自從拙作《子鳥深情》出版之後，我收到很多正面的迴響，認為書中傳遞的信息，對有學障孩子的家庭很有參考價值。但也有朋友表示很詫異，我居然這麼開放地談論家中的私隱。我回答他們說，作為基督徒，一旦經歷神的恩典，公開講述見證是我們的本分和責任，顧不了什麼有沒有私隱的問題。當然，在成書之前，我亦曾徵詢家中每一個成員的意見，並在得到他們的支持後才出版。

《子鳥深情》的出版，實在要感謝突破機構的支持。蔡元雲醫生伉儷一直是我家多年來的同行者，蔡醫生也是第一個建議我把家中經歷寫下來的人。沒有他們，就沒有《子鳥深情》這本創作。雖然蔡太今年初回了天家，我仍然要感謝她生前曾給我們很多有關養兒育女方面的啟迪，亦要感謝當年為我寫序的林超英先生和藍芷芊醫生。另外，我也特別感謝當年指導過我寫作的楊碧瑤女士，為我做策劃編輯的馬鎮梅女士及黎美霞女士，為我做美術設計的黃漢威先生，還有一直很支持我的梁永泰博士和一眾突破機構同工。我也要特別感謝信義宗神學院湯清基督教文藝獎基金給《子鳥深情》頒授了湯清基督教文藝獎文藝創作組二〇〇三年度年獎，對我這個寫作「新丁」來說，是莫大的鼓勵；但也自覺萬分的不配，惟有不斷鞭策自己在公務繁忙之餘，亦不要停止寫作，免辜負各方對我的期望。

光陰荏苒，《子鳥深情》出版之後，轉眼十一年。神於我家的恩典在這十一年中益顯豐盛，並遠遠高於我所想所求。和我家一直同行的蔡醫生、教會牧者及不少主內肢體都建議我再寫續篇。對於他們的鼓勵，實在銘感於心。作為信徒，我內心有很大催逼再次執筆為主作見證，並讓我家曾經走過的路，所經歷的一點一滴，能成為其他家庭的祝福。到了今天，我家兩個孩子都已成年，由於書中所講的都與他們有關，甚至有他們各自寫的信件和網誌等，所以我亦鄭重地徵詢他們的同意後才再次發表續篇，也衷心感謝他們的參與及支持。我亦特別要在這兒感謝我的內子少芬，在本書的創作過程中，一直與我緊密結連，同心付出心力和時間，也在我疲倦乏力時給我適切的支持和鼓勵。

這書的出版承蒙突破機構再一次給予我鼎力的支持，其中特別要感謝本書的總編輯黃幗坤姊妹、策劃編輯伍詠慈姊妹和美術設計劉碧雲姊妹，一直以來，用心地給我寶貴的意見及提點。在她們的專業建議下，本書的表達模式由我個人自述，被轉化成為一個家庭各成員之間的互動回應，為本書平添活潑的生氣，也更貼近我們的寫作原意——作為吾家感恩的祭獻給天父。也感謝多年來在音樂創作路上與朗曦同行，在錄音室與他一起奮鬥的劉榮朗弟兄，更要感謝基恩敬拜音樂事工的鄧淑儀姊妹和蔡鶴雲弟兄應允借出錄音室支持本書內提及的音樂創作、董湛昕弟兄為本書內的歌曲編好五線譜，上載於網上的連結以供讀者參考。當然也要感謝在百忙中仍然應允為本書寫序的突破機構榮譽總幹事蔡元雲醫生、基督教宣道會沙田堂前堂主任孫國鈞牧師和《樂活‧家》總編輯馬鎮梅女士，在這裏向你們一一道謝。深盼主會使用我家這份卑微的生命見證，成就祂的美意。願一切榮耀頌讚歸與我們的三一真神。阿們。

關子凱

二〇一三年十月

附註：

本書中提及的歌曲，可以在以下的連結找到歌譜，我們將會在連結中陸續加入錄製好的音樂。http://www.childrenandbirds.org

心靈關顧系列最新書目

心靈地圖

書名	作者
陪孩子跑一場障礙賽	關子凱
子鳥深情	關子凱
搣時前傳 —— 游樂園	游欣妮
完美婚姻55式	黃鴻麟
爸爸回家上班去	賴百樂
我搣時心太軟	游欣妮
媽媽不想錯下去	列小慧
神奇耳蝸・幻之光	司徒苑；棗田（圖）
小喬生活館1　聽食物説話	司徒苑；棗田（圖）
從孤獨的屬地出走	添・加德納
我搣時很煩	游欣妮
與賭博拔河	侯雪媚
與恩師的 10 堂課 —— 我的路	蔡元雲
歲月的育養 —— 給現代父母的啟示	黃麗彰等
改變，由我開始	蔡元雲